Maths

中职数学
教学体系与学生能力培养

王英 朱建鹏 蒋雯 ◎著

中国出版集团
中译出版社

图书在版编目（CIP）数据

中职数学教学体系与学生能力培养／王英，朱建鹏，
蒋雯著. -- 北京：中译出版社，2024.5
　　ISBN 978-7-5001-7932-0

　　Ⅰ.①中… Ⅱ.①王… ②朱… ③蒋… Ⅲ.①数学课
-教学研究-中等专业学校 Ⅳ.①G633.602

　　中国国家版本馆 CIP 数据核字（2024）第 105415 号

中职数学教学体系与学生能力培养

ZHONGZHI SHUXUE JIAOXUE TIXI YU XUESHENG NENGLI PEIYANG

著　　者：王　英　朱建鹏　蒋　雯
策划编辑：于　宇
责任编辑：于　宇
文字编辑：田玉肖
营销编辑：马　萱　钟筏童
出版发行：中译出版社
地　　址：北京市西城区新街口外大街 28 号 102 号楼 4 层
电　　话：（010）68002494（编辑部）
邮　　编：100088
电子邮箱：book@ctph.com.cn
网　　址：http://www.ctph.com.cn

印　　刷：北京四海锦诚印刷技术有限公司
经　　销：新华书店
规　　格：710 mm×1000 mm　1/16
印　　张：13
字　　数：209 千字
版　　次：2025 年 3 月第 1 版
印　　次：2025 年 3 月第 1 次印刷

ISBN 978-7-5001-7932-0　　定价：68.00 元

前　言

　　从世界范围来看，随着经济的不断发展，技术含量高的工作岗位的产生使得技能型实用人才的需求量不断攀升。因此，培养高素质技能型人才的需求显得尤为突出。职业教育就是顺应此需求而产生，各国政府对此都表现出前所未有的重视和关注。数学教育在培养中职生的数学素养中担任着重要的角色，而数学课程一直是中职院校重要的基础课程之一。中职数学是中职生必修的一门基础文化课，它是一门工具性学科，为专业课服务，并且与专业课有着紧密的联系。如何改革中职数学教学，提高中职数学教学的质量，使其在中职教育中发挥更好的教育与服务功能，已成为中职教育改革的重要内容。

　　本书的研究目的是深入贯彻国家新的课改精神，积极实践"以学生为本"的新的教学理念，切实转变学生的学习方式，培养中职生学习的主体意识和主动精神，帮助中职生用好数学教材、轻松学好数学知识，提高中职生的数学学习能力和质量，且真正能为中等职业学校教师的教和学生的学提供切实有效的帮助，也为学生的可持续发展奠定良好基础。

　　本书是一本关于中职数学教学体系与构建学生能力培养方面的书，旨在为相关工作者提供有益的参考和启示，适合对此感兴趣的读者阅读。本书详细介绍了中职数学课程理论基础，让读者对中职数学课程有初步的认知；深入分析了中职数学教学过程与模式、方法等内容，让读者对中职数学教学内容有更深入的了解；着重强调了中职生数学思维能力与数学学科核心素养的培养，以理论与实践相结合的方式呈现。本书力求论述严谨，结构合理，条理清晰，内容丰富新颖，具有前瞻性。希望本书能够为中职数学教师的教学和学生的学习提供一定的参考和借鉴。

由于时间仓促及作者水平所限，书中难免有不妥之处，敬请使用本书的广大师生批评指正，并提出宝贵的意见和建议。

作者

2024 年 3 月

目　录

第一章 中职数学课程理论基础

第一节 数学学科导论

数学是人类对事物的抽象结构与模式进行严格描述的一种通用手段，可以应用于现实世界的任何问题，所有的数学对象本质上都是人为定义的。从这个意义上来说，数学属于形式科学，而不是自然科学。

中等职业教育和普通高中及高校教育的显著区别，就在于中等职业教育重技能、重实践，而轻理论、轻概念。数学是学习专业课、提高文化素质和个人修养的一门基础性学科，学好数学对学生毕业后的发展具有很大的帮助作用。同时，对数学理论、方法和应用的学习，能够培养学生的计算能力、逻辑推理思维能力、逆向思维能力、空间想象能力、创新能力，以及运用数学知识分析并解决实际生活问题的能力，端正学生学习数学的态度，并使学生形成辩证唯物主义的观点。总之，在中职教育教学中开设数学课，是一个需要学校、教师和学生三方面都高度重视的问题。

一、数学学科的学科性质

为了深入了解中职数学学科的学科性质，我们可以从对数学学科本身的分析入手，从以下三个方面来系统解读数学学科的学科性质：

第一，数学学科是一门严密的理论科学，它以数学概念为基石，以数学定理为主干，建立了经典数学与现代数学及其各分支的严密的逻辑体系。

第二，数学学科是一门定量的精密科学。从数学概念转变为数学量开始，它利用种种数学表述手段为理论与实践（实验）开辟道路，使数学学科的结论可随时被加以严格检验。

第三，数学学科是一门带有方法论性质的科学。数学从它的早期萌芽到近现代发展，都以丰富的方法论和世界观等充满哲理的数学思想影响着人们的思想、观点和方法，影响着社会思潮和社会生活，因此数学曾被称为"自然哲学""科学方法论的典范""辩证唯物主义哲学的科学基础""现代科学哲学的支柱"等。

通过对数学语义学的分析，我们可以得出如下认识：数学是研究数量、结构、变化以及空间模型等概念的一门学科，通过抽象化和逻辑推理的使用，在计数、计算、量度和对物体形状及运动的观察中产生。而中职数学课程是以集合、命题、算法为基础，以数学现象、数学概念和规律、数学过程及方法为载体，以科学探究为主线，以提高全体学生科学素养为基本目标的基础型课程。

对"数学"一词的系统解读说明，在中职教育阶段，数学课程的构建应着力让学生经历从问题到数学、从生活到数学的基本认识过程，经历归纳、总结、推理、演绎的科学探究实践，注重数学学科与其他学科的交叉融合，使学生的科学素质得到全面的提高。这就决定了中职数学不仅应注重科学知识的传授和技能的训练，注重将数学的新成就及其对人类文明的主要影响等纳入课程，而且还应重视培养学生终身学习、科学探究能力、创新意识以及科学精神。

因此，中职数学的学科性质就是让学生充分学习数学知识和技能，让学生经历归纳、总结、推理、演绎的基本科学探究过程，使学生浸润于科学态度与科学精神的文化熏陶，以提高全体学生的科学素质，促进学生理性思维能力发展。

二、数学是自然科学的基础

德国数学家高斯（Johann Carl Friedrich Gauss）有句名言："数学是科学的皇后。"这里的"皇后"一词源于国际象棋。在国际象棋的游戏规则中，"皇后"是实力最强的棋子，攻击范围不限，不仅能够横走、直走、斜走，其行走的步数也不受限制。高斯这句话形象地表明：数学是所有自然科学的基础。

作为自然科学之母，数学对自然科学的产生以及发展具有重要的作用和积极意义。在现实生活中，人们之间实行物物交换，在不断摸索中慢慢形成了数学。数学是研究现实世界中数量关系、数学结构、空间形式、变化规律等的一门科学，通过计算、计量或逻辑推理对物体形状、结构、运动规律进行观察、描述，将抽象化的事物形象地展现在人们眼前。而最终得到的真理，是数学家们将这些基础的概念理论进行拓展，并将新的猜想公式化，再选择合适的公理对其进行定义，最后经过严密的推导等一系列复杂而漫长的过程才得到的。数学是一门实用性科学，不仅能够解决实际生活中发生的问题，还可以处理其他学科中发生的问题。培根曾说数学是"通往科学大门的钥匙"，它与天文、地理、物理、化学、生物、生命等自然科学和文学、经济学、伦理学等人文社会科学密切相关，是学习这些学科的重要基础。因此，学生要想学好其他学科，首要任务就是尽全力学好数学。只有学好数学，才能带动其他学科，如物理、化学、地理等的学习成绩。

数学是研究科学的基础。早在两千多年前的古希腊时代，人们就开始将数学运用在天文学领域，这是最早运用数学的科学领域。天文学家与数学家研究天文学主要运用两个手段：一是观察，早期凭借肉眼观察星体的变化规律，现在人们运用先进的天文望远镜，观察更加遥远星球的结构、变化规律；二是计算，通过观察结果，推算出星体的结构、运行轨道等。许多天文学家在研究星体的过程中都应用数学方法，甚至还创造出新的数学方法和理论。古希腊七贤之一、米利都学派的创始人泰勒斯（Thales），就曾利用自己所掌握的数学知识计算出公元前585年的一次日食，并因此平息了一场战争。近代天文学的奠基人、"日心说"的创立者哥白尼，提出简单的几何图形或数学关系能够展现宇宙的变化规律。17世纪，牛顿借用数学方法和计算技术，完成了哥白尼所开创的天文学革命，为经典天文学奠定了基础，从而使天体力学获得了引人注目的成就。

数学促进了天文学的快速发展。随着科学的进步和数学的不断发展，天文学家可以更准确地预测出天文现象。例如，根据巴比伦天文学家提出的沙罗周期，可以预测日食和月食发生的时间。在天文学领域中，许多问题，如行星、卫星的位置、体积、大小、宇宙、星系的变化规律，以及宇宙空间中诸如真空、超高压等物理条件，在目前现有的技术条件下还无法达到，或研究过程需要应用复杂多变的数学知识。因此，研究这些问题，不仅要进行复杂运算，还要通过大量模拟实验进行探究。随着计算机的出现和发展，数值模拟应用技术被越来越多的天文学家在研究天文时运用，通过将数学方法和计算机技术融合起来，研究宇宙问题，模拟仿真结果能够通过图像清晰地展现出来，再现天体的运动情景。这种计算机数学方法在天体力学中被普遍应用，起着极其重要的作用。在天文领域，将牛顿定律通过编码输入电子计算机中，能够精确预测太阳系在未来两亿年内的运动情形。

历史上，哥白尼依据数学的理论、运用数学的方法，创设了一门新的天文学理论；傅立叶利用三角级数研究热传导；麦克斯韦用数学语言表达法拉第的力线概念并建立电磁理论，预言电磁波的存在；随着微积分、概率、线性代数等数学的发展，牛顿发明了三大定律，爱因斯坦建立了广义相对论和狭义相对论……也可以这么说，任何科学的产生以及发展，都会促进数学知识的普及和广泛应用。随着现代科学技术的飞速发展，科学越来越趋于数字化。今天，数学被包括科学、工程、医学和经济学等各个科学的领域积极应用，并在这些应用过程中产生了数学物理学、数学生物学、数学生态学等一些交叉和边缘学科，促进了各类学科的全新发展。所以，中职教学中积极开设数学课程，使学生明了数学的重要性，并学会在各种问题上运用数学理论知识和实践方法，无疑会提高他们学习其他学科的兴趣和能力。

三、数学是人文科学的重要工具

数学的贡献在于对整个科学技术（尤其是高新技术）水平的推进与提高，对科技人才的培养和滋润，对经济建设的繁荣，对全体人民的科学思维与文化素质的哺育，这四方面的作用是极为巨大的，也是其他学科所不能全面比拟的。可以说，数学应用在最近的几十年发生了根本性变革，它已深入所有的学科领域中，成了人文社会科学研究必不可少的工具。

与数学关系最为密切的人文科学就是哲学。没有数学，我们就无法看穿哲学的深度；没有哲学，人们就无法看穿数学的深度。而若没有两者，人们就什么也看不透。哲学是人类对自然知识和社会知识的基本规律进行归纳、总结的一门学科，数学隶属哲学范畴，是从哲学中诞生的一门学科。古希腊毕达哥拉斯（Pythagoras）认为数学是一切的本源及结构方式，他从数学角度思考哲学，并建立起了数学哲学理论体系。在此基础上，各国科学家经过不懈努力，逐步建立了近代数学哲学体系。数学为辩证唯物主义哲学的创立奠定了科学基础，并成为思想表达的媒介和科学传输的工具，所以数学是一门基础却极其重要的自然学科，它描述了自然世界物质数量的联系及空间的存在形式，并为物质数量之间关系的计算提供了方法。

数学通过准确的理念、清晰的表述、严密的推理、简练的方式，巧妙地描述事物的本质，揭示其变化规律，让人们对该事物形成客观的、整体的认识。在一定程度上，数学属于哲学范畴，都是对客观事物的反映，不会随着人的意志转移，也具备严密的逻辑性、高度的抽象性。数学中的某种研究方法能够用于哲学，而哲学中的某种研究方法又能促进数学的发展。因此，也可以说数学和哲学之间存在着某种联系，两者之间是可以相互补充和转化的。早在希腊时代，学者们就开始研究数学与哲学之间的关系。像勒内·笛卡儿（Rene Descartes）、阿基米德（Archimedes）、戈特弗里德·威廉·莱布尼茨（Gottfried Wilhelm Leibniz）等，他们既是著名的哲学家，也是伟大的数学家，不仅具有较高的数学素养，还将数学应用于哲学上。

在社会学领域中，运用数学最多的领域是经济学领域，也是实现数学化最成功的领域。经济现象是复杂的，同一个现象有时会产生两种截然不同的效果。而分析这种复杂的现象所用到的数学理论也十分抽象，因此，要认真斟酌，选用适当的数学工具。随着社会的不断发展，越来越多的人赞成数学与经济学相互渗透、相互融合的理念。其实，早在 17 世纪，马克思就开始将数学方法用于经济学中，他认为在经济学中，能够成功地运用数学才是最完善的。在近代社会中，人们广泛地用数学方法来研究经济学，如使用线性规划来分析经济效果，使用博弈论来研究经济利益分配问题，使用概率论来研究经济数据特征、效用函数，使用控制理论来研究企业内部金融动态发展问题，使用动态规划来分析、解决多阶段经济决策过程中的问题，使用数理统计来分析、研究经济现象中事物与事物之间的数量关系，使用图论来研究经济主体之间的关系，使用微分方程来研究经济增长问题。其中，数理经济学和计量经济学是最常用的数学经济学理论。

随着全球经济的一体化发展，人们提高了对数学的要求，这促使数学向更广阔的空间发展。数学和经济学是相互作用的。要想深层次地研究经济学，须具备较强的思维能力，不仅能够通过事物的性质和属性来分析事物，还要分析事物的数量特征、数量关系及数量变化，而不是粗线条地大致估计。数学科学能够帮助人们在进行经济活动时最大限度地获利，还能锻炼人们的直观思维能力、逻辑推理能力、系统思维能力、唯物辩证思想能力、创新思维能力。除此之外，经济工作者还要精准地计算出结果，并且保证计算出的结果是正确的。这些都是一个精明的经济工作者所必备的工作素质。因此，数学科学素养的提高，从微观层面上讲，能提升个人的文化素质与综合能力；从宏观层面上讲，则可以提高一个国家、民族的科学和文化素质。

四、中职数学教学需求分析

（一）中职生学习偏好

实事求是地说，中职生绝大多数数学基础薄弱。学生的学习困难主要来自上课注意力难以集中、缺少学习方法和基础不扎实。而他们希望的数学学习有如下特征：

第一是好学。他们希望学到能够听得懂、可以接受和理解的数学，并且希望通过大量的举例解释所学内容；不喜欢纯理论的、深奥难懂的数学。第二是有趣。他们希望学习的内容要有趣，学习的过程要轻松愉快，甚至要求老师的言语要智趣，要有幽默感；不希望学习内容枯燥无味，不喜欢老师古板无趣。第三是生活化。他们希望学习内容要多来自日常生活，要与专业学习和生产实际相联系，而且希望学到的内容能够直接应用于解决实际问题，并在解决实际问题的过程中加深理解；不希望学习生活中接触不到的、比较抽象的知识内容。第四是选择性。他们希望能根据自己的学习基础，选择不同难度的学习内容，更希望能根据所学专业量身打造，还希望能够学到一些新鲜的、自己感兴趣的内容。

（二）高校入学数学要求

我国已逐步进入高等教育大众化阶段，中职生进入高职院校学习的机会很多，而且也渐渐成为趋势。高等职业教育既是高等教育，又是高阶的职业教育，高素质技术技能型人才的培育是其最重要的职责之一。高职院校对中职数学教学又有哪些需求呢？通过走访部分高职院校的数学教师，他们提出了如下观点：

一是理论性和体系性。高等数学是一门基础而又重要的学科，在高职院校是许多专业方向的必修科目。数学知识和思想方法不仅在一些专业课程中有重要体现，而且数学素养也是高素质技术技能型人才最重要、最富有内涵的核心素养，这就要求中职数学教学除了完成阶段性提升学生数学素养任务外，还要有针对性地为高职阶段高等数学的学习打好必要的基础，也就是要体现数学的理论性和体系性。二是必需性和够用性。鉴于职业教育的特性，中职数学教学还十分重视"必需"和"够用"，强调数学的工具性，注重在解决实际问题的过程中如何用数学，特别是数学思想和方法的应用，因此，中职数学教学也需要渗透"必需"和"够用"的思想，培养学生用数学能力。

（三）社会人才素养特点

我国经济社会多年来持续、稳定、健康发展，经济结构转型升级，推进制造强国建设也进入了关键时期，"中国制造 2025"需要大批"大国工匠"和数以亿计的高素质技术技能型人才。数学教育除了能让学生学到必备的知识、方法，学会解决简单的实际问题，还能让学生体验数学思想精髓，发展数学独有的推理、思维、逻辑、演绎、想象、应用等关键能力，这些都是创新型人才不可或缺的核心素养。通过座谈会和走访行业企业主要负责人、人事主管和技术骨干，了解他们对数学的理解和对中职生数学教学的需求，比较集中的观点主要有以下三点：

一是有用性。数学与社会生活和人的终身发展密切相关，它来源、发展并服务于生产实际，有鲜明的工具性特点。学习数学的一个重要目的就是使用，所以要学有用的数学。二是发展性。数学能够发展人的许多核心素养，企业高管和技术骨干往往拥有很高的数学素养，现代社会提倡人的终身发展，所以数学教学应该为人的终身发展服务。三是文化性。数学又是一种独特的人类文化，它的呈现形式、思想内涵、方法技巧、语言魅力等都深深根植于现代文明之中。学习数学能够使人聪慧精明、明辨事理、崇尚科学、追求真理，有利于树立正确的世界观、人生观、价值观，塑造健全人格。因此，中职数学教学还需要重视数学文化内涵的挖掘，为提升中职生的精神品质和人文素养服务。

（四）学科转型内在要求

为适应现代经济社会、文化科技迅猛发展和社会生活深刻变化对人才培养提出的更高要求，教育部发布了《普通高中课程方案和语文等学科课程标准》。对照《普通高中数学课程标准》及《中等职业学校数学教学大纲》（以下简称《大纲》），不难发现，新时代数学学科自身转型对数学教学提出了新的要求。

一是新课标要求数学教学要以学生发展为本，落实立德树人根本任务，培育科学精神和创新意识，实现人人都能获得良好的数学教育、不同的人在数学上得到不同发展的目标。要引导教学更加关注育人目的，在探寻事物变化规律，增强社会责任感，促进学生形成正确世界观、人生观、价值观等方面发挥独特作用。二是新课标改原来的"双基"为"四基""四能"，提出通过高中数学课程的学习，学生能获得进一步学习以及未来发展所必需的数学基础知识、基本技能、基本思想、基本活动经验（简称"四基"），提高从数学角度发现和提出问题的能力、分析和解决问题的能力（简称"四能"）。要求数学教学要重视数学实践和数学文化，更加关注提升学生的数学核心素养，促进学生思维能力、实践能力和创新意识的发展，提高学生综合运用知识解决实际问题的能力。三是新课标明确数学教育要帮助学生掌握现代生活和进一步学习所必需的数学知识、技能、思想和方法，注重学生核心素养的培养，倡导独立思考、自主学习、合作交流的学习模式，重视过程性评价，促进学生在不同的学习阶段数学核心素养水平的达成。面向全体学生设置必修课程，构建共同基础；为满足学生的不同志趣和发展，设置选择性必修课程和选修课程，提供多样性选择，为学生可持续发展和终身学习创造条件。

第二节　基于课程论的中职数学

一、中职数学课程目标定位

课程目标是指课程本身要实现的具体目标和意图。它规定了某一教育阶段的学生通过课程学习以后，在发展品德、智力、体质等方面期望实现的程度，是确定课程内容、教学目标和教学方法的基础。《大纲》指出：数学课程是中等职业学校学生必修的一门公共基础课。本课程的任务是：使学生掌握必要的数学基础知识，具备必需的相关技能与能力，为学习专业知识、掌握职业技能、继续学习和终身发展奠定基础。基于《大纲》要求和前文所做的分析，中职数学的课程目标可做如下定位。

（一）掌握数学基础知识，服务专业课程学习与未来高校深造

掌握必要的数学基础知识是《大纲》要求，是高校需求，也是专业课程学习的必需。当然，这里的基础知识应该是有选择和因人而异的，不能千篇一律。要在《大纲》框架内依据中职生数学水平层次、所学专业和兴趣爱好，确定不同类型、不同层次学生的数学基础知识学习目标，让学生选择适合的数学，学有趣和必需的数学，掌握必备基础知识，提高数学阅读观察、空间想象、数据处理、类比推理、分析解决问题等基础能力，提升数学思维品质和核心素养，更好地服务专业课程学习与未来高校深造。

（二）具备初步数学应用能力，服务未来社会生活与岗位需求

数学来源于生活实际，因问题解决所需而发展和提升。人们也在解决问题的过程中学习数学，欣赏数学的魅力。中职数学课程目标必须把具备初步数学应用能力作为核心指标之一，这不仅是《大纲》的要求，更是数学本质的体现。当然，初步的数学应用能力也需要有层次之分，对不同层次的学生应当有不同层次的能力要求，要让学生力所能及，要让学生勇于尝试和应用，逐步形成良好的实践意识、创新意识，提高就业与创业能力，更好地服务于未来的社会生活和岗位需求。

（三）养成数学核心素养，服务个人精神境界与思维品质提升

数学既是科学又是文化，既是实用工具又是思维模式，既是思想方法又是人文素养。学习数学的最大益处在于提升人的精神品质，养成数学核心素养对人的成长、成才、成功至关重要，也是数学教育最重要、最本质的任务，贯穿于数学教育的全过程，服务于个人精神境界与思维品质的提升。

二、中职数学教学内容选择

《大纲》对"教学内容结构""教学内容与要求"有明确要求，这是中职数学教学内容选择的主要依据。根据中职数学教学现状分析、教学需求分析以及课程目标的定位，中职数学教学内容的选择还必须遵循以下原则。

（一）普遍性与差异性的结合

一方面，中职数学教育有一个很重要的任务，就是为学生进一步深造服务。高等数学强调基础性，强调理论性与体系性，这就要求中职数学教学内容必须兼顾数学基础体系；另一方面，由于中职生的数学基础离散度很大，为满足不同层次学生学习适合的数学，必须为他们提供不同难度要求的学习内容作为选择。

（二）工具性与人文性的结合

数学统计运算、数学思想方法、数学思维模式等在日常生活中无处不在，数学的工具性被人们广泛接受和应用。要让中职生学习他们可能用得上的数学，多提供一些在他们力所能及的范围内与日常生活更为紧密的学习内容，让他们在使用"工具"解决问题的过程中体会数学的功能。数学不仅绽放独特的科学魅力，也展现出独具色彩的人文魅力。中职数学教学内容要充分挖掘数学思想精髓、数学文化内涵、数学美学艺术等数学科学本身和数学教育中的人文资源，让学生在品味数学人文魅力的过程中养成良好习惯，磨炼意志品格，提升道德情操。

（三）学科性与应用性的结合

数学是一门科学，理论性、系统性很强，中职数学教学内容的选择必须充分兼顾数学的这种学科特性。考虑到中职生数学基础和学习实际，过分强调理论性和系统性容易让他们对数学学习产生畏难情绪而失去学习的欲望，所以中职数学教学内容最好能以生活中的具体问题为载体，以项目、任务的形式展开，重视"做学教合一"设计，让学生在分析和解决问题的过程中学习数学知识技能、品味数学思想方法、提升数学学习兴趣、养成数学核心素养。

（四）"节约"与"浪费"的结合

一个人受教育获得的知识与技能超出其日后实际应用的知识与技能，也不应该说是浪费，如果说这是"浪费"的话，那么也不能取消这种教育，因为日后人们到底能用到哪些知识技能无法预测，所以教育不仅应该用节约原则支配，还应该用浪费原则指导。中职数学教学内容除了要选择那些与实际生活结合紧密，充分体现数学的工具性、应用性的内容外，还应该选择一些有关数学的发展历史、数学对人类文明的影响、数学文化、数学与艺术等方面的内容，全面丰富学生的数学品质，为他们终身发展打好数学基础。另外，中职数学教学内容的选择还要体现学生的自主性，我们可以提供丰富的数学学习资源，让学生结合自己的实际和兴趣爱好自主选择学习内容，真正体现让数学的无穷魅力吸引学生，不同层次、不同专业的学生学习不同内容的数学，人人都学到必需的、想学的、有用有趣的数学。

三、选择中职数学课程内容的原则

（一）基础性原则

这一原则指的是，选择的中职数学课程内容应是数学科学的基础知识。什么叫数学基础知识？这是一个没有确切定义、需要辩证地分析和理解的概念。它通常指的是数学科学的初步知识，即在理论上、方法上、思想上是最基本的知识，而不是指数学科学的逻辑基础。根据基础教育的培养目标，中职生必须掌握的数学基础知识应该包括以下三方面：第一，现代社会的每一个合格公民都应具备的基本素质，包括最初步、最基本的数学知识；第二，为基础教育阶段学习相邻学科提供工具的数学知识；第三，为进入高等教育阶段的学生进一步学习打基础的数学知识。

从以上关于数学基础知识的描述可以看出数学基础知识的概念是相对的、发展的。因此，中职生应该掌握哪些数学基础知识不是一成不变的，而是随着数学自身的发展，随着其他科学和技术的发展以及社会对人才要求的变化而发展、变化的。中职数学基础知识的内容和范围都有新的变化发展。还应注意的是，数学基础知识包括数学中常用的基本的数学思想方法。因此，根据这一原则选择数学课程内容时，不仅要考虑选用数学中哪些概念、性质、法则、公式、公理、定理，还要关注这些内容反映出来的数学思想和方法。

（二）应用性原则

这一原则指的是，中职数学课程内容应精选那些在现代社会生活和生产中有着广泛应用的数学知识。数学的源头本来就是人类社会的生活和生产实际。在古埃及、古巴比伦、古代中国和古印度等古代文明国家，由于人们生活和生产的需要，最早产生了数学的一些初步知识。数学的发展历程，虽然不能说无处不与人类生活或生产相关，但总的来说，最根本的动力依然是社会的需要。而且今日数学应用的广泛性，已使得它渗透到了现代社会的各个角落，几乎无处不用数学，无人不用数学。基础教育阶段数学课程目标之一，就是要让学生逐步认识数学的应用价值，发展数学应用意识，并能运用数学知识分析和解决简单的实际问题。因此，在确定数学课程内容时，应从有利于落实这一课程目标考虑，选择适合于相应学段学习的数学建模、数学实验以及数学应用等方面的课题，同时还要供抽象出数学概念、性质法则、公式、公理、定理等数学基础知识的多样的、丰富的背景材料。这也是体现应用性原则的一个重要方面。

（三）可接受性原则

这一原则指的是，所选择的中职数学课程内容应与中职生的认识水平和接受能力相适应。根据这一原则，中职数学课程的内容必须难易适中，有一定的深度和广度，不论是必修还是选修的内容，既要确保学生能达到课程目标体系中预定的具体目标，又要适当留有余地，有利于学生追求更高目标，使得每一个学生都能尽可能地达到最大的发展。

（四）教育性原则

这一原则指的是，选择的中职数学课程内容应该是对于发展学生的数学思维和数学能力、形成学生辩证唯物主义世界观有重要作用的数学知识；同时还要求体现数学的文化价值，即数学课程应适当反映数学的历史、应用和发展趋势，数学对推动社会发展的作用，数学的社会需求，社会发展对数学发展的推动作用，数学科学的思想体系，数学的美学价值，数学家的创新精神。数学课程应帮助学生了解数学在人类文明发展中的作用，逐步形成正确的数学观。

（五）灵活性与统一性相结合的原则

这一原则指的是，选择中职数学课程内容时，既要考虑所有学生都必须达到的基本要求，又要有弹性，满足学生的不同数学要求，照顾不同地区的差别。在中职阶段，数学课程则可以由必修课程和选修系列课程组成。其中，必修课程满足所有学生的共同数学需求，选修系列课程满足就业意向或升学方向各异的学生的不同数学需求。

（六）可行性原则

这一原则指的是，选择的中职数学课程内容经过实践检验，应该被证实在中职教学计划规定的时间内，绝大多数学校能够按教学要求完成教学任务，达到课程目标。根据这一原则的要求，当课程内容需要做较大调整时，必须先试行一段时期，经验证确实可行时才能正式确定。

第三节　基于心理学的中职数学

一、数学知识的学习

（一）数学知识的有意义学习过程

1. 数学认知结构

认知是认知心理学理论中的一个中心概念，它是为了一定的目的在一定的心理结构中进行的信息加工过程。其心理活动包括感知、记忆、思维、想象、判断、推理、解决问题、形成概念以及语言使用等。对数学教学而言，认知也可以说是掌握数学知识与技能的过程，其中包括知识的学习、记忆与提取以及知识技能的运用，简言之，包括获取数学知识与运用数学知识的过程。认知结构是人们在认知过程中组织起来的经验的整体，人们接触到外界事物，获得对外界事物的经验，从而形成关于该事物的概念，单个概念或若干个概念以及有关的认知因素按一定关系联结起来的构想，即所谓认知结构。数学认知结构就是人们头脑里的数学知识，按照自己理解的深度和广度，结合自己的认知特点，组合成的一个具有内部规律的整体结构。数学认知结构是数学知识结构和学习者的心理结构相互作用的产物，是学习者大脑中已有数学知识经验经自主建构而形成的。因此，认知结构不同于它所包含的知识结构，学习同一数学知识的不同学习者所形成的数学认知结构可能不同。

数学认知结构既可以是学习者头脑里所有数学知识、经验的组织，也可以是特殊数学知识内容的组织。每一个数学概念都可形成一个认知结构，它又是构成更复杂认知结构的基本成分。由于数学知识的逻辑性、层次性，人们的数学认知结构同样有一个层次的阶梯，最高层次是由所有数学知识经验有机结合而成的认知结构，不同层次的内容逐渐分化成不同层次的数学认知结构，如代数认知结构、有理数认知结构等。良好的数学认知结构在教学上有两个显著的功能。首先，它能使已学的知识得到完整的认知，一旦完整的认知结构形成了，学习者获得的将不是支离破碎的知识系统。例如，学生学习有理数的概念、四则运算及有关知识，其中各项目之间的内在联系稳固地建立起来，学生有了这样一个完整的认知结构，在考虑关于有理数方面的问题时，它就能提供他们所需的一切。其次，它是继续学习新的数学知识、创造性地解决数学问题的基础和有力工具。例如，学习解整式方程必须以多项式的因式分解的认知结构为工具，没有它，对于解一元二次方程中广泛用到的十字相乘法就用不上，也不可能建立这种方程的求根公式。

人类的认知过程力求认知与现实的平衡，为了求得平衡，人们在认知过程中将经验转换成适合新情况所需的认知结构时，必须适应数学认知结构正是按照适应的需要来发展的。适应有两个途径：顺应（也称调节或调整）与同化。顺应是改变自己原有的认知结构以适应新的情况，同化则是融合新的情况于现存的认知结构之中。在适应的过程中，如果同化起主要作用，则过程容易完成。例如，把菱形同化到平行四边形，把直角三角形两锐角之和为 $90°$ 同化到三角形内角和定理。如果是顺应起主导作用，则学习要困难得多。原因在于：第一，如果面临的新情况是学习者凭他们的生活经验易于理解的，他们情愿保留现有的认知结构而抗拒做出改变来适应新情况；第二，要建立一个新的认知结构成并使原来的认知结构为其一个部分，需要做出很大努力，而且往往要克服一系列困难，才能完成。

2. 获得意义时新旧知识的相互作用

对于个体来说，数学知识的有意义学习，就是数学知识获得意义并保存下来的过程。在新知识的学习中，认知结构中原有的适当观念起重要作用，它与新知识相互作用；将新知识固定到认知结构的适当部位，导致有潜在意义的新观念转化为实际的心理意义，同时原有的认知结构也发生变化。

（二）获得数学概念的心理分析

从新旧知识相互作用的过程来说，获得概念就是新概念的内容同原有认知结构相互作用，形成新的认知结构的过程。根据新概念与原有认知结构中的相关知识的作用方式的不同，获得数学概念可分为归属学习、总括学习、并列结合学习三种类型。这里我们从心理活动过程方面做一些分析。获得数学概念，或称掌握数学概念，实质上就是掌握一类事物的共同本质属性，使符号代表一类事物而不是代表特殊事物。具体地说来，就是能够辨别概念的本质属性和非本质属性，能够概括表示为定义，能够举出概念的正反例子，并能由抽象回到具体，运用概念解决有关问题。学生获得概念有两种基本的方式：概念形成与概念同化。奥苏伯尔详细分析了这两种形式所包含的不同心理过程。我们结合数学概念的特点来分析学生用这两种方式获得数学概念的不同心理过程。

1. 概念形成

学生从大量具体例子出发，从他们实际经验的肯定例证中，以归纳的方式概括出一类事物的共同的本质属性，从而获得概念的方式就是概念形成。以概念形成的方式获得数学概念的心理活动过程大致可分为如下几个阶段：

（1）观察概念的不同正面实例

教学中的实例大多是由教师提供的，是学生自己生活经验中所感知过的事物。例如要形成平行线这一概念，可举出一段铁路上两条笔直的铁轨、黑板的上下边缘、直走的拖拉机两后轮留下的痕迹等实例，给学生以平行线的形象。还可以在黑板上画出平面上一对平行直线可能出现的各种位置关系，带领学生一起观察图形。

（2）抽象出各实例的共同本质属性

严格地说，这一阶段还只是提出个本质属性的假设。如上例中有在同一平面上的两直线没有交点，在同平面上两直线之间的距离处处相等。

（3）比较正反实例确认本质属性

可举出平行直线、相交直线和异面直线的例子确认并强化本质属性，排除非本质属性。

（4）概括出概念的定义

把本质属性从具体的实例中抽象出来，推广到一切同类事物并给出概念的名称，概括出概念的定义。这时还需要进一步区分各种本质属性的从属关系，找出关键的本质属性作为概念的定义。

（5）用习惯的形式符号表示概念

如平行线用符号"//"表示。

具体运用概念时，通过举出概念的实例或在一类已知事物中辨认出概念的实例或运用概念解答数学题等各种方式实际运用概念，使学生完成由抽象到具体的认知活动，自觉地把所学的概念及时纳入相应的概念体系中，使有关概念融会贯通形成整体结构。概念形成是以学生的直接经验为基础，在教师指导下自行发现数学概念的本质属性的一种有意义学习。它对学生的心理水平要求不高，但比较耗时。因此，这种方式较适合抽象层次较低、处于概念体系的基础核心位置的少数重要概念的学习。

在概念形成的学习过程中，起主要作用的智力活动方式是观察、分析综合、抽象概括、比较、形式化和具体化。其中观察、分析综合是基础，抽象概括是关键。学生能否在观察分析的基础上抽象出概念的本质属性并概括出定义，是这种学习方式成败的关键，也是区分学生的学习是否为有意义学习的关键点。部分学生由于没有成功地进行抽象概括，或因抽象概括能力不强而不能进行抽象概括，只好死记定义成为机械学习者。为了提高学习的质量，教师应注意选择那些刺激性强、典型、新颖的实例，引导学生进行深入细致的观察，进行科学的抽象和概括，避免非本质的属性得到强化，还应及时引导学生对新旧概念进行精确区分、分化，以形成良好的认知结构。

2. 概念同化

利用学生认知结构中原有的概念和知识经验，以定义的方式直接向学生揭示概念的本质属性，从而使学生获得概念的方式叫概念同化。以概念同化方式获得数学概念的心理活动过程大致可分为如下五个阶段：

第一阶段，观察概念的定义、名称和符号，揭示概念的本质属性。

第二阶段，对概念进行特殊的分类。讨论各种特殊情况，进一步突出概念的本质属性。

第三阶段，把新旧概念系统化，把新概念同化到原认知结构中。

第四阶段，辨认、比较正反实例，确认新概念的本质属性，使新概念与原有有关概念精确分化。

第五阶段，具体应用概念。通过各种形式运用概念，使学生进一步加深对新获得的概念的理解，完成由抽象到具体的认识过程，使有关概念融会贯通形成整体结构。

概念同化是以学生的间接经验为基础，以数学语言为工具，直接接受和理解教师（或教材）所提供的概念的定义、名称和符号的一种有意义学习，它要求学生具备较为丰富的知识经验，并具有积极思维的能力和较高的心理活动水平，但比较省时，是学习一般数学概念的最主要的方式。在概念同化的学习过程中，起主要作用的智力活动方式是观察、分类、系统化、比较、具体化，其中系统化是关键。学生能否在观察新概念的定义、名称和符号的基础上，明确新旧概念内在的关系并精确分化，建立起与原有相关概念的联系，融合到原有认知结构之中形成一个新的知识系统，是学习成败的关键。这种学习必须以新概念对学习者构成潜在意义为前提，否则不能构成有意义学习。在实际教学过程中，不能单纯使用某一种方式来学习概念。只用概念形成方式来学习，显然时间上不允许；而仅用概念同化方式来学习，由于数学概念的高度抽象性和概括性特点，学生也难以把握形式化的数学概念背后的丰富材料，难以把握概念的本质属性。况且，概念形成中的智力活动是开发学生智力、提高学生数学素养的有效途径。因此，教学中应把两种获得概念的方式综合使用，扬长避短，互相补充，使教学效果达到最佳状态。

(三) 掌握数学定理的心理分析

为方便起见，我们可以人为地把掌握数学定理划分为两个阶段：首先是相应命题意义的获得，这一阶段的学习与概念的获得相似，只是复杂程度有明显增加。因此，有关获得概念的心理分析对获得命题意义也是大致适用的。其次是定理的证明，数学解题包含解证明题，即定理证明这样一种特殊类型。因此，有关数学解题教学的心理分析对数学定理证明也是基本适用的。这里我们仅针对掌握数学定理的特殊性做一些分析。

1. 获得命题意义的心理分析

获得命题意义其实质就是新命题的内容同原有认知结构相互作用，形成新的认知结构的过程，获得命题意义的过程同样可用新旧知识相互作用的有意义学习理论来解释。这里只对获得命题意义的心理活动过程做一些分析。根据学习进行的方式，可把学习分为发现的与接受的学习。因此，有意义学习可分为有意义的发现学习与有意义的接受学习。发现学习与接受学习的学习条件、心理活动过程和它们在认知功能中的作用均有不同，像概念形成属于发现学习，而概念同化属于接受学习。

(1) 命题发现

命题发现是学习者通过具体例子发现命题从而获得命题意义的一种学习方式。命题发现包括如下几方面的心理活动：首先是观察具体例子并辨别正、反例子的特征（实际教学时，往往是先明确学习任务，再进行观察）。其次是进行抽象概括，提出有关结论的假设。再次是进一步观察正、反实例，检验与修正假设，最后是发现结论，形成命题。

(2) 命题接受

命题接受是把命题的内容以定论的形式呈现给学习者，学习者结合实例接受新知识获得命题意义的一种学习方式。命题接受包括如下几方面的心理活动：首先是观察新命题，并在认知结构中找到同化新知识的原有有关观念。其次是分析新知识与原有起固定作用的观念的相同点，将新知识纳入原有认知结构之中。再次是分析新旧知识的不同点，使新旧知识与原有观念之间有清晰的区别，发展原有认知结构。最后是结合观察实例（或证明）获得命题的完整意义。例如学习平行线的判定定理，在教师讲述或教科书直接向学生呈现这一命题后，学生便在认知结构中找到平行线的定义，并分清判定定理与定义之间的相同点（都是揭示平行线概念的本质属性）和不同点（各自反映的侧重面不同），使原有关于平行线的认知结构获得发展。最后，结合教师或教科书提供的具体例子或证明过程，学生获得了这一命题的完整意义。为了使命题接受进行得顺利，学习者必须先掌握构成命题的有关概念。平行线判定定理中包括"平行线"与"三线八角"的有关概念。若学习者认知结构中已获得了有关概念，则能较容易同化这一新命题。若学习者认知结构中的有关概念模糊不清，甚至是错误的，或者根本不存在，则会带来机械记忆命题的弊端，甚至无法使学习过程继续下去。

与概念学习一样，命题发现有利于培养学生发现性方面的能力，而命题接受则有利于学习者快速获取数学命题。在实际教学过程中，往往要把这两种学习方式搭配使用，充分发挥它们各自的作用，促进数学教育质量的全面提高。对于命题（定理）的理解有一个逐步深入的过程。理解具有不同的层次，无论是命题接受还是命题发现，获得命题意义都只是初步的，随着命题的证明（成为定理）与定理的广泛应用，对命题的认识将会更加全面、准确、深刻。由于命题意义的获得与概念的获得的相似性，获得命题意义的智力活动方式与影响其学习的主要因素都大致相同，这里不再重复。

2. 数学定理证明的心理分析

数学定理证明可以归入数学问题解决，但由于定理证明在定理学习过程中处于核心的地位，我们还是先运用安德森提出的长时记忆的扩散激活理论对其做一些心理分析。从逻辑学的角度来看，对数学命题 A 的证明可以理解为找到一个满足下列条件的有限命题序列：A_1，A_2，A_3，$\cdots A_n$。

首先，A_i（$1 \leqslant i \leqslant n$）或是公理，或是定义，或是前面已证明过的定理，或是假设（命题 A 的条件），或是由前面的命题按照推理规则之一得到的结论。

其次，A_n 是命题 A。由此不难理解，数学定理证明的心理过程就是把待证定理的条件与原有认知结构中的有关公理、定理、概念关联起来，通过对它们的重新组合，综合运用各种推理形式而使新定理的结论得以确立的过程。

从记忆网络激活的扩张模式来看，证明的机制就是学习者在论题的刺激下，记忆网络中某些知识被激活，并且不断地沿着接线向外扩展，依次激活相应的知识；学习者对被激活的知识进行选择、组织，经过推理又激活了新的知识并扩展开来；如此不断地继续下去，直到在定理的条件和结论之间出现了通道，建立了严密的推理关系为止。这里知识被激活是通过感知、识别、回想等心理过程来实现的，它是指学习者在感知论题后，在论题的前提和结论的刺激下，经过识别、辨认其有关特征，回忆起已有认知结构中与之相关的知识。

在证明过程中，以下四个因素影响证明能否顺利完成：

（1）思路点的准确性

记忆网络中首先被激活的那些节点，叫作思路点。思路点是证明的开始，它决定着证明的方向。如果思路点正确，那么就能形成下一步该做什么的正确期望，在正确期望的指导下就有可能进一步搜寻到有用的信息，从而形成指导进一步行动的新的正确期望，如此继续，就有可能在前提与结论之间找到一条通道。反之，如果思路点不准确，那么就会形成不正确的期望，在不正确的期望指导下，搜寻到的信息很可能都是无用的，这样就难以在前提与结论之间形成通路。

（2）扩展力

扩展力是指记忆网络中各节点之间的激活能力。扩展力反映在量和质两个方面。量的指标是指一个节点能够激活其他节点的个数。质的指标是指由一个节点激活其他节点的正确性、清晰性。如果扩展力愈强，那么被激活的知识就愈多、愈正确，就愈能满足信息的选择、组织和推理的需要。

（3）推理能力

证明是由一系列推理组成的，从心理学的角度看，推理的作用就是使记忆网络中的节点之间发生逻辑联系。推理能力强的学生，就能对处于意识状态之中的知识进行迅速的排列组合，推出新的结论，激活新的节点，并能不断地继续下去，直到定理的条件与结论之间出现通路。因此，推理能力是影响证明顺利与否的重要因素。

（4）证明的方法与思考的方法

证明方法与思考方法的作用在于使学生产生某种有效的期望，使他们据此去有计划地搜寻信息，激活思路。例如，运用综合法思考证明途径，学习者就是从前提形成的期望出发激活思路点；采用分析法寻求证明途径，学习者就是从结论形成的期望出发去激活思路点；分解或扩充的思考方法，学习者可从新旧图形之间的联系出发去激活思路点。是否熟练地掌握各种证明方法和思考方法，也是影响学习者能否顺利进行证明的重要因素。

二、数学技能和数学问题解决的学习

（一）数学技能的形成

1. 技能的含义

技能是通过练习而形成的顺利完成某种任务所必需的活动方式或心智活动方式。这里的"活动方式"是指一系列外部可直接观察到的操作的有序组合方式。"心智活动"则是指借助于内部语言在头脑中进行的认知活动，包括感知、记忆、想象和思维等，但以抽象思维为它的主要成分。技能是习得的，表现于迅速、精确、流畅和娴熟的身体运动之中。

数学技能是在数学学习过程中通过练习而形成的顺利完成数学任务的一种活动方式或心智活动方式。例如，根据运算法则进行运算，运用圆规、直尺、量角器、三角板等工具画图，使用计算器或计算机，按步骤进行推理、论证等，它们都可以按照一定的程序和方式一步步完成。这些活动方式都是数学技能，有了一定的数学技能，就能准确、协调、熟练地进行数学活动。数学技能是一种复杂的技能，它含有较多的认知成分。因为数学技能所要完成的数学任务中认知因素的作用较大，所以完成这种数学任务不能依靠单纯的肢体动作，而需配以心理活动的指导。例如，解方程的技能就不是一种单纯用手书写的活动。这种手的书写活动包括活动的程序都需要大脑根据具体情况进行调节与控制。数学技能与一定的数学知识相联系，表现为一定的数学知识的运用。例如多项式运算的技能与多项式的概念及其运算法则相联系，表现为多项式的概念及运算法则等知识的运用。证三角形全等的技能与三角形及其全等的知识相联系，表现为三角形全等的判定等有关知识的运用。

数学技能具有连贯系统性，表现为一系列局部技能的恰当组合。一项新技能的形成往往依赖于原有相关技能的发展水平。例如，复数的代数形式的运算技能以多项式的四则运算技能为基础，复数的这种运算技能表现为实部运算、虚部运算、对分母中复数的处理等一系列局部技能的恰当组合。中职数学中有关的数学技能范围很广，可以说，凡是有学生参加、有数学活动的地方都有数学技能的体现。在中职数学中要求学生掌握的基本数学技能是能算（如数的计算、式的变形、解方程等）、会画（如运用作图工具作图、绘制图表等）、会推理（如逻辑论证中的简单推理、归纳、类比推理等）。我们按技能本身的性质和特点将数学技能分为动作技能和心智技能两大类来加以讨论。

在完成一项任务中，所涉及的一系列实际动作，以合理的、完善的方式组织起来并顺利进行，就是动作技能。它表现为一系列可直接观察到的肢体动作，如运用工具绘画的技能、测量的技能、使用计算工具的技能等。在认识特定事物、解决具体问题中，一系列心智活动以某种合理的、完善的方式进行，就是心智技能。它表现为一系列不可直接观察到的大脑活动，如数的计算技能，式的恒等变形的技能及推理、论证的技能，运用数学方法的技能等。这两种数学技能既有区别又有联系，在数学活动中既有各自的功能，常常又必须联合发挥作用。例如，解方程 $7x+5=4x-14$，一方面头脑中需要按移项、合并同类项、用 x 的系数去除方程的两端的程序和步骤完成心智活动，另一方面需要用手按同样的程序和步骤在纸上完成实际动作。前者调节、控制后者，后者体现、反映前者，二者互相结合，共同完成解这个方程的任务。

2. 形成数学技能的心理分析

新行为主义心理学的刺激-反应理论认为，形成技能的实质就是系列的刺激与反应的联结的形成。

（1）数学动作技能的形成过程

数学动作技能的形成过程一般可分为如下四个阶段：①认知阶段。即教师讲解示范，学生认真倾听和观察，然后记忆、想象的阶段。学习重点是注意应予反应的线索。这一阶段的学习也称为知觉学习，认知的内容包括知识和动作两方面。学生要了解与某种数学技能有关的知识性能和功用，了解动作的难度、要领、注意事项及动作过程。例如，要形成解整式方程的技能，在认知阶段就是通过感知教师（或课本）的讲解示范，了解整式方程、移项、合并同类项、分解因式等概念以及相应的操作，了解解整式方程的步骤等。②分解阶段。指教师把数学技能所包含的整套动作分解成若干个局部动作，让学生逐个学习。学习重点是使适当的刺激与反应形成联结。以上述解整式方程的技能为例，整套动作可分解为移项、合并同类项、分解因式、求解等四个局部动作，学生在这一阶段就是逐个学习（或复习），掌握这些动作，形成相应的刺激与反应的联结。③动作定位阶段。在掌握分解动作的基础上，将整套动作的顺序通过多次练习和局部动作的协调使之固定下来。学习的重点是建立动作连锁。例如，学生分别掌握了解整式方程的四个局部动作后，通过练习协调这些动作，组成一个有顺序的整体。④自动化阶段。使全套动作达到自动化的程度，根本不用考虑每一个局部动作及其组合，无须特殊的注意和纠正，而是全套动作融为一体自动地完成了。学习重点是熟练性训练。例如，学生在解整式方程时，根本不用有意识地考虑这一动作是移项还是合并同类项，而是自觉地知道怎样做，整套动作融为一体相当熟练，这时就称已掌握了解整式方程的技能。

动作技能的形成，是一系列局部的实际动作的掌握（或回顾）并将它们联结成完整的外部动作系统使各动作之间的互相干扰现象逐渐减少直至消失的过程。它表现为动作速度的提高和准确性、协调性、稳定性、灵活性的加强，表现为视觉控制的减弱和动作控制的增强，表现为基本动作的自动化和动作紧张的消失。

（2）数学心智技能的形成过程

数学心智技能的形成过程也大致分为下述四个阶段：①认知阶段。让学生了解并记住与技能有关的知识及事项，形成表象，了解活动过程和活动结果。在这一阶段实际上是知识学习，为形成技能奠定知识基础，并为形成外部技能的活动及其结果定向。例如，要形成用待定系数法分解因式的技能，必须先了解多项式因式分解的含义、多项式恒等定理，以及了解用待定系数法分解因式的步骤等知识。②示范、模仿阶段。学生在教师的示范下，领会与理解某项数学心智活动，并根据教师的示范模仿着进行该项数学活动。③有意识的口述阶段。学生进行某项数学心智活动时自己进行言语表述，往往是边说边做，完成这项活动是在有意识的言语指导下进行的。这一阶段的主要标志是学生不再依靠具体模式表象的依托就能应用待定系数法进行因式分解运算，并且由教师的言语指导转化成了学生自己的言语指导。学生在做课堂练习时明显地表现出这一阶段的特征。④无意识的内部语言阶段。学生完成某项数学心智活动时，不再需要有意识的言语指导，而是刺激与反应几乎同时发生，即学生完成该项数学心智活动达到了熟练的程度。也就是说在后继的学习活动中，一旦遇到类似的数学活动，就能立即进行运算，运算过程的进行和运算法则的应用完全自动化了，这就标志着该项数学心智技能已经形成。

心智技能的形成是一系列心智活动的领会并将它们联结成内部心理活动系统，内部言语趋于概括化和简约化的过程。它表现为思维的敏捷性、灵活性的提高和思维的深度、广度、独创性等品质的改善，表现为心智活动和内部言语的熟练化，表现为主体意志的减少。

（二）数学解题教学的心理分析

学生在解数学题时，我们能看到题目和他们给出的解答结果。从解答中我们可以了解学生在解题过程中应用的一些已有知识和方法，但我们不能从所给的解答中完全了解实际的解题过程。当我们在观察解题过程时也可看到学生的一些行为反应以及情绪反应，有时还见到他们自言自语，可见从学生接受问题到提供解答结果之间，其心理活动和思维活动是相当复杂的。目前已有大量实验和理论研究探讨这些复杂的心理过程且对解题行为已有一定的了解。这里我们仅对解题过程中的两个重要环节做一些简要的心理分析。

1. 理解问题的过程

解题的第一步是理解问题。当解题者面对一个数学问题时，首先阅读它，通过感知题目的条件和目标，在头脑中形成有关问题初始状态的表象（问题表象），现代认知心理学家把这一过程称之为问题表征。表征是解题的一个中心环节，它说明问题与解题者认知结构中的哪些知识相联系，在头脑里如何呈现、如何表现出来。

2. 解法发现过程

对于开拓—探究式题，尽管解题者能建立正确的表征，也有可能解决不了，这取决于解题者是否能找到一个合适的解题方法。在数学学习过程中，这些问题对于学生而言，都是合理的、可解的。也就是说，解题过程中所需用到的知识和运算都是在学生的记忆中可以找到的。即使这样，解题者也还要有相当多的搜索过程和发现过程，并且一般来说解决一个数学题，需要对已有的知识和运算进行新的联结。因此，解法发现过程也是一个相当复杂的过程，这个过程与解题者认知结构中的知识经验基础和思维策略水平紧密相连，知识和策略是这一过程中的两个重要因素。

在解法发现过程中，有些问题一出现在我们眼前，就能通过问题的已知信息轻易地联想起相应的知识和解法程序。但另一些问题则不同，需要经历一系列的甚至艰苦的探索过程。探索的方式有试误式和顿悟式两种。所谓试误式是对由知识与策略的作用产生的解题途径进行尝试，纠正尝试中的错误，直至发现解题途径。这种方式在学生中较为常见。所谓顿悟式是经过长时间的激烈思考，由于受到某种情境的启发而突然出现灵感，一个仿佛偶然的思想在心里瞬时冒了出来，问题便不知起因地得到了解决。顿悟式解题要求问题的初始状态和目标状态与解题者的经验、认知结构有着非人为的、实质性的联系，这种联系建立得越牢固，顿悟越易产生，它是直觉思维能力在解题过程中的体现。尝试错误与顿悟并不能绝对分开，在同一探索过程中，这两种方式常常交替进行，相互补充。波利亚的解题教学思想中，提出了一系列一般性的解题建议，正是为了减少试误，促使顿悟的产生，才形成系统的解题计划。

第四节　基于逻辑的中职数学

一、数学概念

（一）概念的意义和结构

1. 概念的意义

概念是反映事物本质属性的思维形式。例如，客观现实中存在着各种球状物体：排球、乒乓球、铅球、钢球、玻璃球等。这些物体有各自的一些属性：形状、大小、颜色、重量、质地、硬度……这些属性中只有形状是共同的，其共同的本质特征就在于：同一物体表面上任一点到其内部某点的距离都相等。"球"的概念正是对这一共同本质属性的反映，至于其他的属性就当作非本质属性而舍弃。数学概念是一类特殊概念，其特殊性就表现在它所反映的本质属性只是关于事物的空间形式与数量关系方面的。上例中的"球"就是一个数学概念。本书所关心的概念都是指数学概念。概念和语词是密切联系着的。语词是概念的语言形式，概念是语词的思想内容，两者紧密联系，不可分割。但是，概念和语词之间并非一一对应。概念一般用名词表达，同一个概念可能有不同名词表达，比如"等边三角形"和"正三角形"表示同一概念。概念是发展、变化的。这是因为：一方面事物的本身是发展、变化的，因而反映事物的概念也要随之发展、变化；另一方面，由于人们的认识是不断深化的，因而关于事物的概念也随之起变化。例如，中职数学中关于数的概念、式的概念、函数的概念等都是如此。

2. 概念的结构

任何概念都有确定的含义并反映确定的对象范围。例如，"平行四边形"这个概念，它的含义就是揭示平行四边形的如下本质属性：两组对边分别平行、两组对边分别相等、两组对角分别相等，对角线互相平分，等等。它所反映的对象范围包括具有上述属性的一切平面图形。概念的含义，即概念所反映的事物的本质属性称为概念的内涵；概念所反映的对象范围，即具有概念内涵的对象的全体，称为概念的外延。很明显，概念的内涵是对概念的质的描述，它表明了概念所反映的事物是什么样的；概念的外延则是对概念的量的描述，它表明了概念所反映的是哪些事物。这两方面结合起来，共同确定概念，就使得每一个概念都界限分明，不同的概念之间能互相区别。概念的内涵和外延的关系，除了表现在上述的共处于概念的统一体中构成的概念的两个方面以外，还表现在它们变化时的相互制约性中。

当概念的内涵增多时，就会得到使原概念的外延缩小了的新概念；当概念的内涵减少时，就会得到使原概念的外延扩大了的新概念。例如，在"平行四边形"概念的内涵中增加"有一个角是直角"的属性时，就得到外延缩小了的"矩形"概念；在"平行四边形"概念的内涵中去掉"两组对边分别平行"的属性，就得到外延扩大了的"四边形"概念。反之，当概念的外延缩小时，概念的内涵反而增多；概念的外延扩大时，内涵反而减少。概念的内涵和外延之间的这种变化关系，称为反变关系。利用概念内涵与外延之间的反变关系，可以对概念进行"限制"或"概括"。通过增加概念的内涵，可使得有较大外延的概念过渡到一个较小外延的概念。这种逻辑方法称为概念的限制。通过减少概念的内涵，可以使只有较小外延的概念扩张为具有较大外延的概念。这种逻辑方法称为概念的概括。概念的限制有助于我们从认识事物的一般形式过渡到认识它所包含的特殊形式。概念的概括则有助于我们从特殊认识一般。数学教学中常用概念限制的方法给新概念下定义，而用概念概括的方法从一些概念概括出高一级的更为抽象的概念。

3. 概念间的关系

概念间的关系是指某个概念系统中一个概念的外延与另一个概念的外延之间的关系。依据它们的外延集合是否有公共元素来分类，我们约定，任何概念的外延都是非空集合。

（1）相容关系

如果两个概念的外延集合的交集非空，就称这两个概念间的关系为相容关系。相容关系又可分为下列三种：①同一关系。如果两个概念的外延集合相等，则这两个概念之间是同一关系。例如，矩形与长方形概念间就是同一关系。②属种关系。如果一个概念的外延集合是另一个概念的外延集合的真子集，则这两个概念间是属种关系。其中，外延大的概念称为属概念，外延小的概念称为种概念。例如平行四边形与矩形概念间就是属种关系，平行四边形是属概念，矩形是种概念。需要注意的是，属概念和种概念是相对的，如平行四边形是矩形的属概念，同时却又是四边形的种概念。③交叉关系。如果两个概念的外延集合的交集非空，且同时是这两个外延集合的真子集，则这两个概念间的关系就是交叉关系。例如，菱形和矩形就是具有交叉关系的概念。

（2）不相容关系

如果两个概念是同一个属概念下的种概念，它们的外延集合的交集是空集，则称这两个概念间的关系是不相容关系。不相容关系又可分为两种：①矛盾关系。如果两个种概念的外延集合的交集是空集，而它们的外延集合的并集与它们的属概念的外延集合相等，则这两个概念间的关系是矛盾关系。例如，有理数和无理数对实数来说就是矛盾关系。②反对关系。如果两个种概念的外延集合的交集是空集，它们的外延集合的并集是其属概念外延集合的真子集，则这两个概念间的关系是反对关系。例如，锐角三角形和钝角三角形相对三角形来说就是反对关系。

（二）数学概念的定义

1. 定义的作用

概念是由它的内涵和外延共同明确的。由于概念的内涵与外延的相互制约性，确定了其中一个方面，另一方面也就随之确定。概念的定义就是揭示该概念的内涵或外延的逻辑方法。揭示概念内涵的定义叫作内涵定义，揭示概念外延的定义叫作外延定义。在中职数学中，大多数概念的定义是内涵定义，只有少量是外延定义。任何定义都是由三部分组成：被定义项、定义项和定义联项。被定义项是需要明确的概念，定义项是用来明确被定义项的概念，定义联项则是用来连接被定义项和定义项的。例如，"有两边相等的三角形叫作等腰三角形"。在这个定义中，"等腰三角形"是被定义项，"有两边相等的三角形"是定义项，"叫作"是定义联项。

2. 定义的方式

（1）邻近的属加种差定义

在一个概念的属概念当中，内涵最多的属概念称为该概念邻近的属。例如，矩形的属概念有平行四边形、四边形、多边形等，其中平行四边形是矩形邻近的属。要确定某个概念，在知道了它邻近的属以后，还必须指出该概念具有，而它的属概念的其他种概念不具有的属性才行。这种属性称为该概念的种差。如"一个角是直角"就是矩形区别于平行四边形其他种概念的种差。这样，我们就可以把矩形定义为：一个角是直角的平行四边形叫作矩形。一般地，邻近的属加种差的定义方式可用下面的公式来表示：被定义项＝种差＋邻近的属。需要指出的是，对于同一个概念，可以选择同一个属的不同的种差，做出不同的定义。当被定义的概念的邻近的属概念不止有一个时，也可选择不同的属及相应的种差下定义。中职数学中最常用的定义方式就是邻近的属加种差的定义。

（2）发生式定义

发生式定义是邻近的属加种差定义的特殊形式，它是以被定义概念所反映的对象产生或形成的过程作为种差来下定义的。例如，圆是由一定线段的一动端点在平面上绕另一个不动端点运动而形成的封闭曲线。这就是一个发生式定义。类似的发生式定义还可用于椭圆、双曲线、抛物线、圆柱、圆锥、圆台、球等概念。

（3）关系定义

关系定义是邻近的属加种差的另一种特殊形式，它是以被定义概念所反映的对象与另一对象之间的关系，或它与另一对象对第三者的关系作为种差的一种定义方式。

（4）外延定义

外延定义是用列举属概念下的所有的种概念的办法来定义属概念的。例如，"整数和分数统称为有理数"就是一个外延定义。外延定义还有一种特殊形式，即外延的揭示采用约定的方式，因而也称约定式定义。

3. 定义的要求

为了使概念的定义正确、合理，应当遵循以下一些基本要求：

（1）定义要清晰

即定义项所选用的概念必须完全已经确定。循环定义不符合这一要求。所谓循环定义是指定义项中直接或间接地包含被定义项。例如，定义两条直线垂直时，用了直角：相交成直角的两条直线，叫作互相垂直的直线。然后定义直角时，又用了两条直线垂直：一个角的两条边如果互相垂直，这个角就叫作直角。这样前后两个定义就循环了，结果仍然是两个"糊涂"概念。同义反复也不符合这一要求，因为它是用自己来定义自己。例如，互相类似的图形叫作相似形。显然，这样的"定义"没有意义。此外，定义项中也不能含有应释未释的概念或以后才给出定义的概念。

（2）定义要适度

即定义项所确定的对象必须纵横协调一致。同一概念的定义，前后使用时应该一致，不能发生矛盾；一个概念的定义也不能与其他概念的定义发生矛盾。例如：如果把平行线定义为两条不相交的直线，则与以后要学习的异面直线的定义相矛盾；如果把无理数定义为开不尽的有理数的方根，就使得其他的无限不循环数被排斥在无理数概念所确定的对象之外，造成数概念体系的诸多麻烦以至混乱。要符合这一要求，如果是事先已经获知某概念所反映的对象范围，只是检验该概念定义的正确性时，可以用定义项与被定义项的外延必须全同来要求。

（3）定义要简明

即定义项的属概念应是被定义项邻近的属概念，且种差是独立的。

（4）定义项一般不用负概念

负概念是指反映对象不具有某种属性的概念。从纯逻辑观点看，定义项用负概念是允许的，中职数学中有些概念的定义项也用负概念。但是，从教学的角度考虑，负概念较难理解。因此，除了非用不可的少数概念以外，大多数数学概念的定义项都不宜用负概念。

4. 原始概念

按定义的第一条要求，对某概念下定义时，定义项选用的必须是先前已被定义过的概念。这样顺次上溯，终必出现不能用前面已被定义过的概念来下定义的概念。这些概念称为原始概念。数学中，点、直线、平面、集合等都是原始概念。在中职数学教材中，虽然对原始概念也有解释，但这种解释并不是定义。

（三）概念的分类

1. 概念分类的含义

概念的分类是揭示概念外延的逻辑方法。它是将一个属概念按照某一属性分成若干种概念。被分的属概念叫作分类的母项，分成的基本种概念叫作分类的子项，分类时所依据的属性叫作分类的标准。对同一概念，可以选择不同的标准做不同的分类。通过分类，可以使有关概念的知识系统化、完整化，同时也能对被分概念的外延认识得更深刻。

2. 概念分类的要求

（1）分类后各子项互不相容。

（2）各子项外延的并集等于母项的外延。这两项要求结合起来就是要求分类不重不漏。例如，把平行四边形分为菱形和非菱形的平行四边形符合上面的要求。如果把平行四边形分为菱形、矩形和正方形，则犯了既重又漏的逻辑错误。

（3）每一次分类的标准唯一。根据不同的目的，分类可以选用不同的标准。

但是，在同一次分类中不能同时采用不同的标准。例如，三角形既可以按边分为不等边三角形和等腰三角形，又可以按角分为锐角三角形、直角三角形和钝角三角形，但不能分为等腰三角形、直角三角形。

（4）分类不要越级。即每次分类的子项应取母项最邻近的种概念。例如，把复数分为有理数、无理数和虚数就不符合这一要求。

3. 两分法

两分法是把母项分为两个具有矛盾关系的子项，再继续按此方法进行的特殊分类方法。两分法比其他分类方法易于掌握，且不容易出错，因此在数学教学中常用。例如，在进行复习时，常将同一属概念下的诸种概念按两分法做分类整理（如数的概念系统、方程的概念系统、四边形的概念系统等）；在解一些需要分情况讨论的数学问题时（如讨论方程或不等式的解、几何作图、轨迹、排列组合等问题），也常采用两分法进行讨论。

二、数学命题与数学中的推理

（一）判断与命题

1. 判断

判断是对思维对象有所断定的一种思维形式。判断所断定的东西可以是指某属性是否属于某思维对象，也可以是指各思维对象间的关系。判断有真假之分。正确地反映了客观现实的判断是真判断，否则就是假判断。判断可按不同的标准进行分类。按判断本身是否还包含其他判断可分为简单判断和复合判断；对于简单判断，又可按其所断定的是对象的性质还是关系而分为性质判断和关系判断。对于复合判断，则可按照组成它的各个简单判断之间的结合情况而区分为负判断、联言判断、选言判断、假言判断。每类判断都有其特有的结构。这里我们只着重介绍性质判断的结构。性质判断由主项、谓项、联项、量项组成。主项即表示判断对象的概念，用"S"表示；谓项即表示判断对象的性质的概念，用"P"表示；联项即主项与谓项之间的连词，常用"是"或"不是"表示，一般又称为判断的"质"；量项即表示判断中主项数量的概念，一般称为判断的"量"，有全称量项与特称量项之分。全称量项用"所有"表示，在判断的语言表达中可以省略；特称量项用"有些"表示，在判断的语言表达中不能省略。例如，

"菱形是平行四边形"是一个省略了全称量项的判断，其中的菱形是主项，平行四边形是谓项，联项用"是"表示；"有的三角形不是直角三角形"是一个带特称量项的判断，三角形是主项，直角三角形是谓项，联项即"不是"。

2. 命题

判断是用语句表达的。表达判断的陈述语句称为命题。命题是数学的基本组成部分，数学中的命题往往用符号的组合来表示。

判断有真假，表达判断的命题也相应地有真假。我们用 A、B、C 或 p、q、r 等表示任意的命题。当 p 是真命题时，记作"$p=1$"；p 是假命题时，记作"$p=0$"。1 和 0 称为命题的真值。与判断的分类相对应，命题也有简单和复合之分。数学中研究的大部分是复合命题。为了研究复合命题，我们介绍有关命题运算的基本知识。

（二）逻辑规律

逻辑规律反映科学思维的一般特点和要求。在形式逻辑范围内，各种思维形式本身、思维形式之间的联系都要分别符合某些特定的要求，所有这些逻辑要求都属于逻辑规律。例如，前面已经提到的概念定义的要求、概念分类的要求、命题运算的定律等，都是逻辑规律。下文还将介绍的推理的规则以及证明的规则也是逻辑规律。

1. 基本规律

在众多的逻辑规律中，通常是把同一律、矛盾律、排中律和充足理由律分出来，这四条规律叫作形式逻辑的基本规律。除了充足理由律外，其余三条规律都可以表达为恒真命题。

（1）同一律

关于任何对象的思想的外延和内涵，在对该对象进行论断的过程中应当严格确定和始终不变。

（2）矛盾律

在对任何一个特定的对象的论断过程中，不能在同一方面既肯定什么又同时否定什么；否则，这两个判断就不能同时都真。

（3）排中律

在论断的过程中，必须对问题做出明确的肯定或者否定。这时，两个相互否定的判断中必有一个是真的。对思维要求的侧重面不同。矛盾律只是不容许思维有逻辑矛盾，指出互相否定的思想不同真；排中律则要求人们在相互矛盾的判断中承认其中必有一真。

从命题的真假值方面来说，任何一个命题，如果它是真的，它就是真的；它不能既是真的又是假的；它或者是真的或者是假的。因此，以上三条规律就是关于命题真假值的规律，而命题的真假值是命题与命题之间的逻辑关系的基础，因而它也是一切推理形式的基础。

（4）充足理由律

在论断过程中，只有可以提出充足理由证明其为真的那些判断，才可以认为是确实可信的。它的公式是"A 真，因为 B 真并且 B 能推出 A"。

充足理由律是一切推理和证明必须遵循的最基本的逻辑规律。

2. 推理规则

（1）推理的意义

推理是从一个或几个判断中得出一个新判断的思维形式。在推理中，所根据的已知判断叫作推理的前提，得出的新判断叫作推理的结论。例如：平行四边形的对边相等，四边形 ABCD 是平行四边形，所以，四边形 ABCD 的对边相等。以上三个判断构成一个推理，前两个判断是这个推理的前提，最后一个判断是推理的结论。

（2）推理规则的内涵

推理必须遵循一定的规则。推理规则即正确的推理形式，也就是当前提为真时能保证结论必真的那种推理形式。

三、数学证明

（一）证明的意义和结构

证明就是根据已经确定其真实性的命题来确定某一命题的真实性的思维过程。任何证明都由论题、论据、论证三部分组成。论题是需要确定其真实性的命题；论据是用来证明论题的真实性所引用的那些真实命题，如定义、公理、定理等；论证就是根据论据推出论题真实性的一系列推理过程。在中职数学中，一个完整的证明分为已知、求证、证明三部分，其中"求证"的内容就是论题，"证明"的内容则是论证，"已知"的内容则是论据的一部分，因为论据中除了已知条件外，还需要引用其他真实命题。

（二）证明的规则

在上面关于证明的结构分析中，已经涉及对证明的逻辑要求。为了明确起见，我们把任何一个证明都必须遵守的逻辑要求作为证明规则列出如下：

1. 论题必须确切

即论题必须是确定的、明白的判断，不能含糊其词、模棱两可。比如，"求证两相似三角形的高的比等于相似比"，这个论题就不确切，因为它没有指明要证的对应高的比等于相似比，因而无法证明。

2. 论题应当始终同一

即在论证过程中，论题必须始终保持不变；否则，就要犯"偷换论题"的逻辑错误。例如，要证明四边形的内角和等于360°，如果用矩形代替一般四边形来进行论证，就偷换了论题。

3. 论据必须真实

前面已经指出，论证是由一系列推理组成的，每一个推理的前提就是论据。只有论据真，按照推理规则得出的结论才会真。若论据假，即使按照推理规则推理得出的结论也不一定真，因而整个论证失效。违反这一规则的逻辑错误是引用假论据或其真假未经证明的论据。

（三）证明方法及其逻辑基础

证明方法可以从不同的角度进行分类。下面结合中职数学中常用的证明方法做简要介绍。

1. 直接证法与间接证法

由命题的条件以及已学的定义、公理、定理等，直接推出命题的结论，这种证明方法称为直接证法。但是，有些命题不容易直接证明，我们转而证明命题的否定假，或者在特定条件下，证明与命题同值的命题成立，这种间接地证明原命题真的证明方法，称为间接证法。下面只介绍间接证法。

（1）反证法

通过证明命题的否定命题假，从而肯定命题真的方法，叫作反证法。

（2）同一法

在一般情况下，一个命题与其逆命题不一定同真。但是，如果一个命题的某一个条件和某一个结论所指的概念是具有同一关系的概念，此时，交换那个条件与结论所得的逆命题与原命题同值，可称这样的命题符合同一原理。如果一个命题符合同一原理，当直接证明该命题有困难时，可以转为证明与它同值的那个逆命题为真，从而肯定原命题真，这种证明方法叫作同一法。

2. 综合法与分析法

要证明一个命题，我们既可以从条件入手思考，也可以从结论开始思考。根据思考的方向和推理顺序不同，证明的思考方法可分为综合法和分析法。

（1）综合法

综合法是一种"由因导果"的思考方法。即从命题的条件出发，经过逐步的逻辑推理，最后得到待证的结论。

（2）分析法

分析法是一种"执果索因"的思考方法。即从待证的结论出发，寻找它成立的充分条件，再进一步寻找这个条件成立的充分条件，这样一步步地追溯，最后要找的条件就是已知条件。分析法的逻辑依据与综合法完全一样，因为它们只是思考顺序不同而已。对于比较复杂的证明题，往往把分析法与综合法结合使用，在分析的基础上综合，在综合的指导下再分析，再综合，一般比较容易找到证题途径。还有一种情况是，思考同时从已知及结论出发，逐步分别进行推理及追溯，直到推理所得的中间结论与要寻求结论成立的充分条件相同时为止。这种思考方法叫作分析综合法。

第二章 中职数学教学过程与模式

第一节 中职数学教学过程的要素与优化

一、中职数学教学过程的基本要素分析

(一) 数学教学活动诸要素

第一，教学对象——学生。数学教学活动是为学生组织的，没有学生就没有组织数学教学活动的必要与可能。学生是学习的主体，是数学教学活动的根本因素。学生这个因素主要指的是学生的身心发展水平、已有的知识结构、个性特点、能力倾向和学习前的准备情况等。

第二，教师。教师是数学活动的组织者，也是对学生进行数学学习的引导者、合作者。在教学活动中，学生方面必然也有时多时少的自学活动成分。但这种自学是在教师指导下的活动，仍属数学教学活动的组成部分，而且在教学活动中还要依靠教师来发挥主导作用。教师这个要素主要指的是教师的思想和业务水平、个性修养、教学态度、教学能力等。

第三，教学目的。组织数学教学活动是为了达到一定的教学目的。教学活动是有计划、有目的的活动。所以，数学教学目的也是数学教学活动必不可少的要素之一。这里说的教学目的既有广义的，也有狭义的。同时，教学目的也有远近之分，它所包括的内容、反映的要求、范围的大小也可能很不一样，大到如一个现代公民应具备的数学素质标准和各级各类人才的培养规格，小到如一个学习单元或一节课所完成的具体目的，乃至学生方面的学习动机，都可以包括在教学目的这一要素之内。

第四，数学课程、教材。教学目的凭借什么去完成？在数学教育中主要凭借

数学教学内容，或者说是数学课程。这是数学教学活动中最有实质性的因素。它指的是一定的数学知识、技能、数学思想、方法、数学问题（例题、习题）等方面内容组成的结构或体系。具体表现为数学课程方案、教学大纲或数学课程标准以及具体的数学教材。我们可以把所有这些包括在课程这一要素的范围之内。

第五，教学方法。教师怎样根据并运用课程教材来使学生学习，从而达成教学的目的？这就必须依靠一系列方法。所以，方法也是教学活动的一个要素。这里所说的方法是广义的，它包括教师在课内和课外所使用的各种教学方法、教学艺术、教学手段和各种教学组织形式。不管它们是具体的、显而易见的，或者是潜移默化的。

第六，教育环境。有一个常被人忽略甚至无视的教学要素就是教学环境。任何教学活动都必须在一定的时空条件下进行，这一定的时空条件就是有形的和无形的特定的教学环境。有形的教学环境包括校园的内外是否美化，教室设备和布置是否齐全、合理与整洁，以及当时气候与温度的变化等；无形的环境包括师生之间、同学之间的人际关系，校风、班风，还有课堂上的气氛等。所有这些环境条件既然是教学活动必须凭借而无法摆脱的，因此它就必然构成教学活动的一个要素。

第七，教学反馈。数学教学是在教师与学生之间进行信息传递的交互活动。这种信息交流的情况进行得如何，要靠反馈来表现。对于反馈，过去从事数学教学工作的人也是较少注意的。这可能是因为反馈有时表现得不是那么明显、具体，从而易被忽略；也可能是因为过去一般过于强调教的一方面，忽视了学的一方面的缘故。不管怎样，不承认反馈是数学教学活动的因素之一，也是对数学教学活动认识上的片面性的一种表现。

（二）数学教学各要素之间的关系

以上七个要素之间的关系是相互影响的，情况是错综复杂的。现在将它们之间的关系简要地加以分析。

学生是学习的主体。所有的数学教学要素都是围绕着学生这一主体来组织安排的，数学教学质量与效果也是从学生身上体现出来的。因此，学生是数学教学活动的出发点，也是教学活动的落脚点。在整个数学教学活动中，学生处于中心的地位。

　　数学教学目的一方面受社会发展、数学的特点所制约，另一方面受学生本身的发展所制约，在两重制约的结合点上形成了不同层次的教学目的。数学教学目的形成之后，它又制约着数学教学活动的全过程。可以说，数学教学活动的全过程都是为达成数学教学目的而进行的，但直接受其制约的是课程、教材与方法，也可以说数学教学目的主要是通过具体的课程与方法而实现的。

　　再就数学课程与教材来说，课程受制于教学目的，当然也受制于决定目的的上述两种条件——社会的发展与人本身的发展。而后二者不仅决定着数学教学的方向，同时也决定着数学课程的具体内容。这也就是说，直接制约着数学教学内容的是社会的需要、文化科学技术发展的水平和学生身心各方面发展的程度。而课程形成之后，就成为数学教学活动中最具有实质性的东西，占有特别重要的地位。

　　至于说到教学方法，它主要受制于数学课程和学生。它是为把课程的内容化为学生的知识、能力、思想、感情，从而达成教学目的而服务的。在方法的进程中，它必然也要受到教学环境客观条件的制约。方法是由教师来掌握的，因此教师的教学能力和水平，对于方法的效果来说起着关键的作用。

　　教学环境主要受制于外部条件。这些条件包括物质的和精神的、可控制的和不可控制的。教师有责任来和学生一起，尽量创造、控制环境，使环境对于数学教学活动产生有利的影响，减少或避免不利的影响。由此可以看出，环境在一定程度上制约着数学教学过程，同时教师和学生也可以在一定程度上制约着教学环境。

　　关于教学反馈，它是师生双方主要围绕着课程和方法而表现出来的。由于它容易被人忽略，加之有时表现得不那么显著，具有一定的弹性，因此特别需要教师有意识地观察掌握。最好能见微而知著，及时地做出自己的反馈，来影响数学教学的进程。所以，反馈虽然是师生双方自然而然地表现出来的，但重要的是要靠教师有意识地去捕捉来自学生方面的反馈。除了包括数学测验与考试等教学评价以外，教师对学生课外特别是课堂上表现的观察，也是捕捉反馈信息的一条非常重要的渠道。只要数学教师认识到反馈这一要素，承认其重要性，并经常注意这一问题，他们就可以获取这方面的大量信息，并以之作为一种重要的参照系数来改进数学教学工作。

最后强调一下教师这一角色。以上除了教师这个要素的其他六个要素都对教师发生影响。也可以说，它们都在一定程度上制约着数学教师的活动，或者说它们大都是通过教师来影响学生的学习活动的。既然它们大都通过教师来实现，那么教师就可以在整个教学过程中发挥他的主动性，去调整、理顺各要素（包括教师自己这个要素）之间的关系，使其达到最优化的程度，以达到最大的教学效果。正因为教师处于这样一个关键的地位，所以我们才承认教师在教学活动中起着主导作用。当然，这种主导作用所产生的教学效果如何，我们最终还得从学生方面来检验，因为学生是学习的主体。

以上是就教学活动几个要素之间的关系所做的一个基本的描述。数学教学的最终任务是要达成教学目的，而数学教学目的是否达成是要从学生身上来体现的。为了达成目的，必须通过数学课程与方法的中介。这种影响情况究竟如何，目的任务是否已经完成，或达到什么程度，这就要看从学生方面发回来的反馈信息如何来判定。在整个数学教学过程中，环境都会对教师和学生产生有利的或不利的影响，但教师和学生也会对环境发生反作用。重要的是教师应该设法控制或适应环境，使其对学生的学习产生有利的影响。由上可知，在整个数学教学活动的过程中，主要靠教师去理顺各要素之间的关系。所以我们说，教师在教学中起着关键的作用，或者说是主导的作用。另一方面，像前面提到的整个数学教学活动都是为了使学生能顺利地完成学习任务达到学习目的服务的。也可以说，一切都是为了学生，而且必须通过学生才能完成任务。从这个意义上说，学生是学习的主体。

二、中职数学教学过程的优化

所谓教学的优化，主要是指通过教师在一段时间的教学之后，学生所获得的具体的进步或发展。也就是说，学生有无进步或发展是教学有没有效益的唯一指标。教学有没有效益，并不是指教师有没有教完内容或教得认真不认真，而是指学生有没有学到什么或学生学得好不好。如果学生不想学或者学了没有收获，即使教师教得很辛苦也是无效教学。同样，如果学生学得很辛苦，但没有得到应有的发展，也是无效或低效教学。

（一）数学教学过程优化的概念

所谓数学教学过程的优化，就是根据培养目标和数学教学任务，结合学生、教师和教学环境的实际，按照教学的规律性和教学原则的要求，来选择（制订）一个最好的数学教学方案（最优化），然后实施这个方案，用不超过规定的时间和精力取得最佳的教学效果。这个最佳的教学效果反映在学生身上，就是全班的每个学生都能获得最多、最有价值的教养、教育和发展。数学教学过程优化的基本精神在于讲究教学的效益，即"高质量、低消耗"。所以，最优化的思想包含唯物辩证法的哲理，强调具体情况具体分析。

数学教学过程的最优化，是由数学教学过程各阶段的最优化状态构成的。数学教学过程最优化不是仅靠特别的教学方法和教学手段完成的，而是在充分运用教学规律和教学原则的基础上，教师对数学教学过程的一种科学合理的组织安排，是教师综合素养的全面展现，是依据课程目标和教学内容并有科学根据的一种教学选择，这种选择是最适合于数学课堂教学和整体教学过程的组织方案。用这种方案组织教学就能使教师和学生花费最少的时间和精力获得最好的效果。

（二）数学教学过程的优化是一种现代教学理念

数学教学过程的优化是为了提高教师的工作效率，强化过程评价和目标管理的一种现代教学理念。这种教学理念就是教师应具有的准备付诸教学实践的信念，它既是一种观念，也是一种行动。具体地说，数学教学过程优化的理念主要包括下列内容：数学教学过程的优化关注学生的进步和发展。首先，要求教师有"对象"意识。教学不是唱独角戏，离开"学"就无所谓"教"。也就是说，教师必须确立学生的主体地位，树立一切为了学生的发展的思想。其次，要求教师有"全人"的概念。学生的发展是全面的发展，而不是某一方面（如智育）的发展。教师不能把数学学科价值定位在本学科上，而应定位在对一个完整的人的发展上。

数学教学过程的优化关注教学效率，要求教师有时间与效率的观念。教师在教学时既不能跟着感觉走，也不能简单地把效率理解为花最少的时间教最多的内容。教学效率不同于生产效率，它不是取决于教师教多少内容，而是取决于对单位时间内学生的学习结果与学习过程综合考虑的结果。

数学教学过程的优化更多地关注可测性或量化。如数学教学目标尽可能明确和具体，以便于检验教师的工作效益。但是，并不能简单地说量化就是好的、科学的。有效教学既要反对拒绝量化，又要反对过于量化。应该科学地对待定量与定性、过程与结果的结合，全面地反映学生的学业成就与教师的工作表现。

数学教学过程的优化需要教师具备一种反思的意识，要求每一个教师不断地反思自己的日常教学行为。

（三）数学教学过程优化的策略

数学教学过程的优化也是一套策略。这里的策略，就是指教师为实现数学教学目标或教学意图而采用的一系列具体的问题解决行为方式。

按照目标管理的教学流程，可以把数学教学过程的优化策略划分为三个阶段：教学的准备策略、教学的实施策略和教学的评价策略。数学教学过程的优化，需要教师掌握有关的策略性的知识，并据此来划分教师在处理每一阶段的过程中所表现出来的种种具体的问题解决行为方式，以便于自己面对具体的情境做出决策，并实现策略优化。

教学准备策略主要是指教师在课堂教学前所要处理的问题解决行为策略，体现教师在制订教学方案（如教案）时所要做的工作。一般说来，它主要涉及形成数学教学方案所要解决的问题方案和途径。具体说来，教师在准备教学时，必须有效解决下列这些问题：数学教学目标的确定与叙写、学生学习材料的准备、教学材料的处理与准备教学方案的形成等。

根据教学过程优化的观念，教师的教学实施策略也将发生改变。教学实施优化的策略应实现由重知识传授向重学生发展转变，由重教师"教"向重学生"学"转变，由重结果向重过程转变，由统一规格教育向差异性教育转变。

教学评价策略是课后所要处理的总结、反思、改进和提高的方案与途径。现代教师所面临的挑战，要求教师及时更新教学评价观念，随时对自己的工作及专业能力的发展以及学生的学习效果、学习能力的发展等进行评估，树立终身学习的意识。保持开放的心态，在教学实践中学习与提高，不断对自己的数学教学水平和学生的学习状态及学习水平进行研究、反思、评价，从而对自己的知识与经验进行重组，以适应不断变革的新形势。

（四）数学教学过程优化的基本要求

1. 数学教学目标的优化

数学教学目标是教师专业活动的灵魂，也是每堂数学课的方向，是判断教学是否优化的直接依据。然而我们的教师对此研究得不够，往往误把一堂数学课程目标当作教学目标来完成。提出明确、切实可行的数学教学方向和目标，使之成为贯穿全堂课的中心，在教学过程中，应随时注意采取的方法和活动内容，检查学生在数学活动中学习的情况以及完成教学任务的情况，确定本堂课的数学教学目标是否能够达到。

2. 数学教学内容安排最优化

要使学生的注意和思维集中到所学专题内容的最关键之处，或是教学内容进行的同时，激发和提高学生的认识兴趣，这样的教学内容才是最有成效的。为了取得卓有成效的教学效果，在数学课堂教学内容的安排上应当做到最优化。为此，应满足三个方面的要求：①内容设计合理、有序，具有针对性和层次性；②重点突出、难点适当；③例题典型、练习适当。

一堂数学课的教学内容的安排，要建立在充分了解学生的思维水平、掌握旧知识的程度以及对新知识的兴趣基础之上，应建立在教师熟悉所教内容的地位作用以及前后知识间的相互联系的基础之上。

3. 数学教学方法的最优化

现代教学的鲜明特色是指教学方法的丰富多彩，是有目的地选择每一个课题的主要教学方法，所选的方法要能很好地完成相应的教学和教育任务。一般来说，对重点、难点和关键，教师要讲解并启发学生积极思考和主动探索，中等难度的问题可采取小组合作和问题探究法。容易简单的内容可先由学生自学，然后在课堂上展示与讨论。要检查学生掌握知识的情况，可采用反馈、面授或测验的方法等。总之，教学方法的选择取决于具体教学内容和不同的教学目的，以及学生运用各种学习方法的潜在的可能性。要使数学教学效果达到最优的程度，就必须对教学方法进行选择并能合理地加以组合运用。

（1）选择数学教学方法的准则

第一，根据教学目的与任务（是新知识的学习，还是主要形成某种技能，或复习、巩固旧知识）。

第二，根据教学内容的特点（是数学概念的学习，还是定理公式的获得、证明和应用，或者是计算、作图等）。

第三，根据学生的实际状况（年龄特点、知识基础和心理准备等特征）。

第四，根据教师自身的特点。

第五，根据教学时间和效率的要求（好的教学方法应该是高效低耗的）。

第六，根据教学环境对教学的影响以及采用的教学手段（利用现代教学技术手段，特别是多媒体教学课件、几何画板、flash 等）。

（2）数学教学方法的选优程序

数学教学方法选优程序原则上应从整体到局部，先确定整体构思再逐步细选。当前新课程的理念指导下的数学教育，我们要多从学生学习的角度来研究如何使学生学得更好，从教材的角度研究如何使学生学得更有价值，从教师自身的角度研究如何使学生学得更轻松愉快。总之，应使学生学习数学的过程成为学生积极主动的、活泼的、合作的、有价值的、有生命力的发展的过程。因此，要充分发挥教学方法在教学过程中的实际效能，达到优化教学过程的目的，首先要在优选教学方法或在教学方法的优化设计上下功夫。前者指的是合理选择已有的教学方法，后者是指自己创造新的教学方法。无论是优选还是创新，一般都应注意以下四点：一是教学方法的选用或创新必须符合教学规律和原则；二是必须依据教学内容和特点，确保教学任务的完成；三是必须符合学生的年龄、心理变化特征和教师本身的教学风格；四是必须符合现有的教学条件和所规定的教学时间。另外，在指导思想上，教师应注意用辩证的观点来审视各种教学方法。

4. 数学例题、习题、练习的优化

精选、适量的例题和练习能使教师和学生在花费最少的时间与精力的情况下获得最好的效果。在传统的数学教学环节中，终端是"做题"，大搞"题海战术"是个误区。作为主要的强化基础知识的手段，适度的作业和练习是必要的。通常是对同样一个数学知识内容，从各种不同的角度，精选好的问题加以巩固与提高，促使学生理解和应用所学知识。除了在课堂上有适度的巩固训练之外，家庭作业和预习也是每个学生必不可缺少的任务。虽然做题可以有助于学生形成较强的解题能力，但围绕"题型"和"题海"反复进行的"大运动量"训练，使学生的作业负担沉重，不仅对学生的身心健康成长十分不利，而且可能会使学生的创新意识、实践能力、情感态度等方面的发展相对滞后。这与当前素质教育倡导减负、减压，以及新课程标准希望多给学生一些思考和活动空间、多从事一些综合实践活动的要求是相违背的。

（五）实施教学过程最优化对教师的要求

教师的教育理念及其在课堂上所扮演的角色直接影响着教学效果，是实现教学过程优化的基础条件。按照教学过程优化的要求，教师应首先具有先进的教育教学理念，并能有效实施于教学的各个环节之中。例如，教师应当帮助学生制定适当的学习目标，并确认和协调达到目标的最佳途径；指导学生形成良好的学习习惯，掌握有效的学习策略；创设适宜的问题情境，激发学生的学习动机，培养学习兴趣；为学生提供学习资源与各种参与机会的同时，促进学生有效地学习。其次，教师的角色变化及其有效发挥是实施教学过程最优化的关键。这就要求教师建立一个轻松的、民主的、宽容的课堂气氛；作为数学活动的组织者、引导者与合作者，与学生分享自己的感情和想法；与学生一道探索与发现，做到教学相长。那么，促进者的角色如何扮演和变化？据专家分析，促进者的角色有几个特点：一是积极地参与和投入。学生在自主观察、实验或讨论时，教师要积极地参与其中，及时有效调控。二是给学生心理上的支持，创造良好的学习氛围，给学生精神上的鼓励，使学生的思维更加活跃。三是注意培养学生的自主能力、独立思考的积极性和创造性。同时，学会共同分享，培养合作精神。

此外，充分掌握学情是实现教学过程最优化的前提和保证。教师要从学生的实际出发，了解学生的知识基础、思维能力、学习目的和学习态度，还要具体分析学生掌握教材的能力和正确估计学生在学习过程中可能出现的问题，准确把握和有效突破难点与疑点。如果离开了这些，教学就是无的放矢，也根本谈不上实施最优化了。

第二节 实施优化的师生教学互动方式

一、数学教学中实现学生优化的学习方式

改变原有单一、被动的学习方式，建立和形成发挥学生主体性的多样化的学习方式，促进学生在教师指导下主动、富有个性地学习，是教学过程优化的中心工作。学生的学习主要依赖于两种方式：一种是接受式学习，另一种是探究式学习，两种学习相辅相成，缺一不可。而我们的基础教育过多地注重了接受式学习，忽略了探究性学习在人的发展中的重要价值，使探究性学习如观察、实践、调查、实验等在教学中处于被忽略的地位。走进传统的中小学数学课堂，不难发现，课堂教学模式基本是灌输—接收，学生学习方式基本是听讲—记忆—练习—再现教师传授的知识。学生处于一种被动接受的状态。教师信奉精讲多练，注重的是如何把知识和问题准确地给学生讲清楚，只要求学生全神贯注地听，把教师讲的记下来，按教师的方法做题。考试前按题型复习、训练。因此，教师对学生的要求是倾听和掌握习题的模式，按题型分类。这成为学生最重要的学习方法，教师在课堂上不断提醒学生"注意听""按讲的方法练习"。这种教学模式使学生学习方法机械、呆板，靠死记硬背完成学业。当他们进入大学或参加工作后明显地带有被动学习的特征，难以适应新的环境。

通过对前人经验的总结及对国际人才培养模式的比较，优化的学生学习方式应该是在继承传统的接受式学习的基础上增加研究性、探究性、体验性和实践性学习，实现学习方式的多样化。比如，探究式学习是从学科或现实生活中选择和确定研究专题，通过学生自主、独立地发现问题、实验、操作、调查、信息搜集与处理、表达与交流等探索活动解决问题，培养创新精神与实践能力。对于体验性学习，学生学习不仅要自己动脑思考，而且要亲身经历和感受，用自己的心灵去感悟。这不仅是理解知识的需要，更是激发学生生命活力、促进学生成长的需要。基于此，新课程标准提出了体验性目标，强调"活动""操作""实践""考察""调查"等活动，而且重视学生的直接经验，鼓励学生对教科书的自我解

读、自我理解，尊重学生的个人感受和独特见解。

二、新的学习方式带来教学方式的转变

学生学习方式的改变，自然对教师的教学方式提出新的要求。有人说，学生学习方式的改变是对未来教师最大的挑战。比如研究性学习，学生要进行有效的研究，就要求作为"引导者、组织者与合作者"的教师首先应该是研究者，而恰恰在这一点上，我们的中小学教师是有差距的。再比如，新课程标准不仅有知识和技能的目标，还增加了体验性目标。体验性目标分为经历（感受）、反映（认同）、领悟（内化），每一阶段都有具体要求，教师该如何在教学中实现这些教学目标呢？课程改革所倡导的新观念将深刻地影响、引导着教学实践的改变。教师将随着学生学习方式的改变，而重新建立自己的教学方式。当教师以知识传授为重点时，他的基本做法是，将传授的知识格式化、系统化、条理化，使学生能按知识的逻辑序列比较系统地接受课本知识，而且整个教学过程都是按教师的意图展开的，即使偏离也会被教师迅速纠正，这有助于教师实现预设的教学计划。但是在这个过程里，学生付出的精力主要用于消化理解教师所讲，学生头脑中复制的是教师的思想和语言，因此不利于学生积极主动地学习，也不利于学生创造性的发展。这与新课程标准所倡导的数学教学重活动、重合作、重实践、重师生互动的教学理念之间存在相当大的距离。而在探究式的学习中，教师的职责是什么呢？很显然，教师重在创设丰富的教学情境；注重引导学生不断地提出问题，使学习过程变成学生不断提出问题、解决问题的探索过程；指导学生收集和利用学习资源；帮助学生设计恰当的学习活动，并能针对不同的学习内容，选择不同的学习方式（比如观察与实验、探索、模仿、体验等），使学生的学习变得丰富而有个性；注重学生的亲身体验，营造支持学生学习积极思考的心理氛围，帮助学生对学习过程和结果进行有效评价。

三、实施优化的数学教学方式

（一）引导学生深入探索数学本质，促进知识转化为能力

通过数学知识的有效学习和教学过程，深入理解数学的本质，揭示数学知识

之间的本质联系和实际意义，帮助学生将知识转化为能力，是新课程的显著特征，这一特征在数学新课程教材中得到了充分体现。比如，许多内容本身就是由问题引出数学概念，深刻揭示数学概念的内涵与外延，让学生边学边提出解决问题的思路和设想。引导学生用所学到的知识解决生活中的实际问题，培养学生的问题意识和数学应用能力。而且，每一部分知识学习之后，都设计了综合实践活动，使学生运用课堂所学的知识，向课外拓展。由此看来，怎样帮助学生洞察数学本质内涵，有效指导学生实现由知识向能力的转化，教师是要下一番功夫的。

（二）积极开展数学探究、相互交流合作学习的教学方式

数学课程标准强调，开展数学探究的数学活动，以改善教与学的方式，强调通过相互交流、合作学习，使学生主动地学习、高效率地学习，现在有些班级的规模太大，致使学生之间相互交流、合作学习的教学方式难以开展，这是一个突出的问题。但是新的教学方式有助于实现新的课程目标和教学目的，有助于让每一个学生的脑和手都动起来，促进学生形成主动学习的愿望和积极参与的意识，成为真正的学习主体。根据目前的情况，需要认真探讨在大班条件下开展合作学习的有效方式，这是摆在广大数学教师面前的一个有重要意义的研究课题。师生有合作、交流、讨论的意识，即使班额较大，分小组相对较为困难，也同样可以部分地实现目标。实际上，在教学实践中在有六七十名学生的班上展开集体讨论的情景并不鲜见，有的效果还不错，方法值得借鉴。

（三）淡化形式化的教学，注重应用与创新

数学的严谨推理和演绎化证明是数学的特点与存在的模式。然而，对于数学教学来说，非形式化的手段也应成为必不可少的手段。由于数学成果的最终形态是逻辑推理的产物，导致人们看不到创造的艰难历程，也看不到为了获得它，人们使用的非逻辑甚至是非理性的手段。再加上传统的数学教学"掐头去尾烧中段"恰好忽略了过程，忽略了有关实验、直观推理、形象思维方面的体验和训练，更会造成学生们的错觉。正如房子建造好了以后，拆去一切脚手架，使得人们错误地认为这个建筑物是"逻辑"的一个个房间建造出来的一样，学生虽然学了多年数学，却一直认为数学只有推理没有猜测，只有逻辑没有艺术，只有抽

象没有直观，只有理性没有想象。学生对数学的精神始终未能把握，妨碍了创造才能的发挥。

几何会给人以数学直觉，不能把几何学等同于逻辑推理，应该训练学生的逻辑推理能力，但也应适可而止，只会推理，缺乏数学直觉，是不会有创造性的。传统的数学教材与教法过于偏重形式，强调逻辑思维能力，忽视数学灵感和创造性，过于偏重演绎论证的训练。在当前全面推进以培养创新精神和实践能力为重点的素质教育进程中，应该对诸如数学实验等非逻辑化的数学方法和教学方法给予重新认识，注重实验、直觉、形象思维等非逻辑地揭示知识的形成发展过程。让学生左右脑并用，从而把握数学的本质，培养数学能力，使学生在这种情境中进行实验学习、发现学习、建构学习。学生对知识形成过程，对问题的观察、发现、解决、引申、变化等过程的模拟和实验，指导数学应用，从而达到高效低负的目的；更为重要的是，在实验和应用过程中，体验问题发现和解决的乐趣，进一步发展学生的实践和创新能力。

（四）注重学生个性和健全人格的发展

素质教育和新课程对中职数学教学的要求不仅是要形成良好的数学知识结构，发展学生的数学能力，还要形成正确的数学观念和意识，并且要在教学中更多地关注学生健全人格的发展，体现综合的素质，使学生学会学习、学会合作、学会竞争、学会创造，为可持续发展奠定基础。这就需要在数学教学过程中处理好知识、能力、个性、学习环境的多重关系，引导学生实现知识、能力、个性、态度的相互促进和转化。数学教学不仅要求学生掌握数学的知识、技能和能力，而且也要承担培养学生健全人格、全面提高综合素质要求的任务。在数学课程标准中明确指出，情感、态度与价值观的培养是教学目的之一。数学教学作为数学思维活动的过程，对于学生不仅是一个特殊的认识过程，而且也是一个心理体验过程。教学中伴随着学生的认知活动，应进行情感激发、兴趣培养、意志锻炼和潜能开发，以促成学生良好习惯的养成和性格的塑造，发展良好个性品质和健全人格。

（五）以人为本，渗透人文教育

树立以人为本的教育观，由于其对人的积极性、能动性和创造性的注重，在今天的教育改革中已成为素质教育的一个重要组成部分。学习数学不仅是为了获取知识，更要通过数学学习接受数学精神、数学思想和数学方法的熏陶，提高思维能力，并把它们迁移到学习、工作和生活各个领域中去。实际的数学教学忽视人文教育的倾向，已经引起有关方面的高度重视。在对以往的教育进行反思时，可以发现在教学实践中我们忽视了人文教育。

当今世界，数学不仅是一种谋生的工具，更是一个现代人必备的基本素质。数学教学在人格塑造中发挥着重要作用。学习数学，就是要在极短的时间内掌握这些知识，提升自己认识和改造客观世界的能力。学习数学不仅是掌握一定的知识和获得一定的能力，更重要的是学会欣赏和理解人类创造的这一文化成果，激起对数学这门科学的热爱、对历史上的数学家的崇敬，以至于对祖国悠久的文化传统的领悟。数学教学在培养学生创新精神和创造能力方面，肩负着特殊的使命，数学教学是开发大脑潜能的有效手段。因此，是否重视数学教学在人格塑造中的作用，是否发挥数学教学中的人文教育因素，是衡量教师的教育观点正确与否的标志之一。数学教学中蕴藏着丰富的人文教育因素，优秀的数学教师应当充分发挥这些因素，提高学生的人文素养。

第三节　中职数学课堂教学模式的原则

教学模式是教学理论应用于教学实践的中介环节，有益于提高教学技能和教学效率。

一、教学模式的概念

教学模式可以定义为：在一定的教育理论和教学思想指导下所建立起的教学过程中必须遵守的比较稳固的教学程序及其方法的策略体系，包括教学过程中诸要素的组合方式、教学程序及其相应的策略。教学模式是教学思想和教学规律的反映，具体规定了教学过程中师生双边的活动、实施教学的程序、应遵守的原则及运用的注意事项，成为师生双边教学活动的指南。它可以使教师明确教学应先做什么、后做什么，先怎样做、后怎样做等一系列具体问题，把比较抽象的理论化为具体的操作性策略，教师可以根据教学的实际需要选择运用。同时，它具有来源于教学实践，又是某种教学思想和教学理论的简化表达形式，使教学模式能够使教学理论具体化，又使教学实践概括化和集约化，从而保证了教学理论对教学实践的指导作用，教学实践反过来又丰富和发展了教学理论。

二、中职数学教学改革的原则

数学教学原则是数学教学客观规律的主观反映，是广大数学教师教学实践经验的高度概括和总结，既是对数学教师开展数学教学的基本要求，又是数学教师设计数学教学活动的准则。中职数学教学改革应遵循以下教学原则。

（一）启发性原则

启发性原则即教师在数学教学活动中，按照认识规律，从学生的实际出发，通过各种途径和方法，激发学生的求知欲和学习兴趣，激活潜能，启发思维，使他们积极地参与数学活动，主动地获得数学知识。

启发的方法多种多样，如质疑启发、情景启发、直观启发、类比启发等。方法比较多，这就需要教师善于发现，灵活运用。教师要善于从学生熟悉的生活情景或与专业相关的情景出发，选择学生感兴趣的、身边的事物，提出所要学习的数学问题，把重要的数学知识内容融合在学生熟悉的现实生活当中，激发学生学习数学的兴趣与动机，甚至使学生产生学习数学的积极情感，使他们能感受到数学与日常生活的密切联系。数学教学情境创设的作用显而易见，值得教师思考、探索与应用。启发性原则要求教师在教学全过程中善于质疑，善于设问，善于引导学生去思考、去探索、去发现，调动学生潜在的主动性、积极性，帮助他们发展思维能力、构建新知识，有利于保持和谐融洽的学习氛围。

（二）自然性原则

在数学教学中，要合乎数学科学的自然性，自然地从已知过渡到未知、从旧知过渡到新知，合乎数学知识本身的逻辑结构与发展规律。数学问题的提出与解决要合乎学生心理的自然性，使其自然地进入问题情境，自然地进入新的数学学习活动之中，自然地进行思考和探索。

一般来讲，完整的、自然的、合理的数学教学由三个部分组成：一是自然地、合理地发现问题、提出问题；二是自然地、合理地分析问题、解决问题；三是自然地、合理地深化问题、拓展问题。所以，贯彻自然性教学原则要求教师用自然的、联系的、发展的眼光看数学，组织教学内容，设计教学活动过程，带领学生一起学习数学课程。如在学习"二倍角公式"时，教师可以利用已经学习过的两角和的正弦、余弦与正切公式，直接推导出正弦、余弦与正切的二倍角公式。

（三）生活化原则

人们对数学产生枯燥无味、神秘难懂的印象，原因之一是数学教学脱离实际。基于这种认识，在教学中我们应力求联系生活实际进行教学，让学生联系生活学数学。在教学上这一原则主要体现在以下三点：①导入生活化实例，激发学生的学习兴趣；②解决生活问题，让学生感受数学价值；③演示生活场面，回归实际生活。总之，数学教学应生活化，让人人学有价值的数学，人人都获得必需的数学，不同的人在数学上得到不同的发展。这一原则在中职教育阶段应作为一个最基本的教育原则。由于个体发展的差异性，学生在学习数学的能力和数学的发展上也具有差异性，这一原则切实地体现了教学改革以人为本、以学生为主体的基本观点。

（四）趣味性原则

中职生数学基础普遍较差，学习习惯不好，学习兴趣不浓。怎样消除学生对数学学习的恐惧和抗拒心理呢？爱因斯坦说过："兴趣是最好的老师。"伟大的教育家孔子说过："知之者不如好之者，好之者不如乐之者。"《淮南子》中也说："同师而超群者，必其乐之者也。"兴趣带来快乐，快乐产生热爱之情，热爱是最好的老师。培养学生的学习兴趣在教学中的作用不可低估。许多学生认为数学是一门枯燥无味、繁杂严谨的学科，这固然有学科特点的客观性，但作为一名数学教师，应该在课堂上尽力挖掘并展示数学的"趣味"，以培养、呵护学生的学习兴趣。如果忽略了数学学习兴趣的培养，就会造成学生对数学学习的厌烦与失望，由淡漠到抵触，以致形成学习数学的逆反心理。

教师在教学中应当增加数学课的趣味性，让学生对数学学习感兴趣，而这个趣味性不一定来自数学知识本身。数学虽有其自身美，但恰当的教学设计也能使学生感到趣味无穷，引人入胜。在教学中，教师要从学生的心理特点出发，收集学生感兴趣的生活素材，并转化成"数学"，在课堂上以丰富多彩的形式展现给学生，比如讲故事，做游戏，开展小竞赛、社会实践等活动，以激发学生的求知欲望，让学生体会到学习数学的乐趣。例如，在学习立体几何的时候，教师可以先让学生自己动手在积木游戏中认识长方体、正方体、球体、圆柱体的本质特征，再通过课本给大家做总结，以加深印象。

（五）教学内容基础、够用原则

中职数学教学内容要突出基础、够用原则。现行中职数学教材分为基础模块、职业模块和拓展模块。基础模块学习的是必须掌握的数学知识。中职数学的基础模块部分在一年级完成。职业模块是根据学生不同专业需要开设的课程。对不同专业，教师应针对实际情况，设置教学内容，制订不同的教学计划和授课计划，授课的内容和进程要符合专业需要。例如，函数的概念和性质是各专业的共同基本要求，属于基础模块部分，特别是三角函数，它是多数专业课程的基础，因此，这一部分可作为每个专业必须学习的基础数学。而电子电工专业的学生不仅要学习函数，还应把向量、复数等作为重点学习的内容，以适应专业课学习的需求。对于机械类专业的学生来说，几何部分显然是数学学习的重点，教师在教学安排上应把立体几何部分内容提前，这对专业的制图教学将更为有利。

一个知识点要讲到什么程度？对于基础模块，教师很容易把握；对于职业模块和拓展模块，教师从专业教学的要求出发，够用即可。以电子电工专业的数学教学为例，如向量的知识在"电工基础"交流电路的分析中要用到，正弦量的向量图表示、向量的加减运算必须十分熟练，而向量的坐标、内积等内容在专业课程的学习中均无涉及。因此我们在电子电工专业的数学教学中就只需重点讲解向量的概念和几何表示、向量的加法与减法，而无须更复杂地介绍其他表示方法。复数尽管属于选学内容，但为了满足专业课程教学的应用，也有必要花费一定的课时去学习。

基础、够用原则的运用可从以下三个方面着手：首先，要完善各专业的教学计划，合理分配教学课时，协调数学课与专业课的教学进程。其次，应针对不同专业对数学教学的具体内容做合理的安排和增删，重新审视各专业的数学学习要求，整合教材，有目的地选取教学内容，凡专业需要的内容应突出强化，与专业无关的内容可削减或删去。再次，组织专业教师与数学教师共同研讨，分割各模块，哪些模块应用于哪些专业或哪门专业课程、应达到何种要求、完成什么功能，应有明确的目标和课时计划，并且数学课内容与专业课内容可穿插教学，专业课要用的数学知识，可以先学习，再运用，增加两者的互动，这样既能体现数学教学的服务功能，又能突出数学的应用功能，提高学生的应用能力。

（六）教学方法多样、先进原则

中职学校中大部分学生只是迫于老师、家长的压力来学校读书的，大部分学生基础很薄弱，理解能力、运算能力、思维能力也不强，学习数学的自信心不强、积极性不高，对抽象、枯燥的数学抱有畏惧心理，学习数学对他们而言简直是太难了。他们只盼望能早点毕业，快点离开学校，结束枯燥乏味的学习生活。因此教师在教学上，要运用多种教学方法，深入浅出，理论联系实际。数学教学中要避免大量烦琐的纯数学推导，注重概念的讲解，注重结论的应用。同时数学教师要尽可能了解各专业，多结合专业实例讲解数学，让同学们知道学了有什么用、用在哪里、怎么用。教师通过学以致用、理论联系实际的方法来激发学生的学习兴趣，增强学生学习的自觉性；对一些基本的要求要精讲多练，边讲边练，通过练习，严格要求学生熟记公式，学会应用。尽管数学教学还具有逻辑培养、思维训练等多项功能，然而这些功能应在为专业知识学习提供工具的过程中实现，在中职数学教学中不能过分强调系统性和严密性。为了更加适应中职生的特点，提高教学效果，数学教学还应充分利用现代科技的成果，数学与现代科学技术有着本质的、天然的联系，网络技术、多媒体技术等现代先进的教学手段是可以为数学教学增添活力的。

（七）教学过程清晰、和谐原则

教学过程既是教师开展教学活动的过程，也是学生沿着教师的教学引导开展学习活动的过程。要使教师的教学活动能够真正地引导学生的学习活动，前提就是学生能够清晰地理解并接受教师的教学过程安排。当教师自己在学习时，有没有清晰的学习计划并不重要，说不定正因为没有清晰的学习计划，反而在学习活动中容易有意外的收获。可是，当教师要指导学生学习时，就必须向学生呈现清晰的教学过程计划。教师清晰的教学过程计划，一方面可以让学生提前知道教师的教学安排是否有利于自己学习活动的开展，从而根据教师的计划来安排自己的学习活动；另一方面让学生在不同的学习阶段可以根据教师的教学过程设计检验自己的学习效果，从而肯定自己的学习成绩或者诊断自己的学习问题。

数学的课堂教学过程应该是师生、生生多方互动的过程，因此，构建和谐的教学环境是数学有效教学的前提。在教学中，教师不是教学的权威者，而是学习的合作者、参与者，不仅要传授知识，更要与学生一起分享彼此的思考、经验、知识和情感，与学生一起寻找道理，从而达成共识，实现教学相长和共同发展。教师应尊重学生的主体地位，及时引导学生参加教学活动，引导学生积极思考，不断为学生提供参与创新的机会，使学生敢于学，敢于与教师对话、交流。这样，学生心态放开，主体性显现出来，学习积极性和兴趣也会随之提高。

（八）及时评价原则

在教学过程中，教师应根据教学不同阶段学生的表现，及时地给予学生合理性的评价，切实贯彻及时评价原则，但在及时评价中应注意遵循以下三个原则：

1. 发展性原则

在实施课堂及时性评价时，评价者要始终在友爱、信任、尊重的气氛中，从发展的视角、用发展的观点、以发展的眼光去评价学生，充分肯定学生的优点和进步，正确对待学生的错误和缺点，鼓励学生不断进步、不断发展。

2. 针对性原则

在实施课堂及时评价原则时，评价者要以事实为依据，激发学生长久的内在积极性，善于发现学生值得鼓励的地方，避免廉价的表扬，善用技巧性的批评。

3. 层次性原则

在实施课堂及时评价原则时，评价者要意识到由于受遗传及生存环境等多种因素的影响，学生个体之间显现出多元的不均衡性，而且就自身而言也存在着发展的方向问题，这使得每个学生发展的进程和轨迹各不相同，发展的目标也具有个性化特征，所以应依据学生的不同个性，因材施教，充分尊重学生的个体发展要求，正确地判断学生的不同特点及其发展潜力。正如著名教育评价专家斯塔佛尔姆所强调的："评价不在于证明，而在于改进。"

三、构建素质教育课堂教学模式的原则

从理论上讲，素质教育课堂教学模式的构建，力求整合统一，但从课堂教学的实际操作而言，它要求课堂教学模式具体而又实用。课堂教学模式的内容是系统、结构和过程的完型。这种完型要付诸千变万化的数学教学实践，必须根据具体情况加以灵活运用。因此，它在理论构建上必须遵循一些具体的基本原则。

（一）整体性和多样性相结合

所谓整体性，就是要求素质教育课堂教学模式必须建立在整体教学过程设计之上，以学生整体为对象，从整体目标着眼，落实在整体教学过程中，以求提高学生整体的素质。另一方面，在着重整体的前提下，还要尽量做到多样化，以适应不同教学对象千差万别的要求。只有把整体性与多样性要求结合在一起考虑，才能使教学模式具有实用价值。

（二）稳定性与灵活性相结合

一个成熟的教学模式必然具有较强的稳定性。没有稳定性，教学模式就失去了普遍适用性。不同的施教者采用相同的教学模式来组织教学，其教学结果总体上应该是一致的。在具体运作过程中，施教者可根据教学具体情况灵活重组教学模式的操作程序或进度，调整模式各组织要素的结构关系，使其内容和形式具有多样变化。也就是说，一个稳定的总体模式可根据不同的教学要求和进程分化出多种变式，只有把稳定性与灵活性充分结合起来，才能满足多种教学需要。

（三）结构与功能相统一

教学模式的结构一要完备，二要多样，三要能动。完备是指教学模式要充分考虑教、学和教学具体条件的各方面及其相互联系和相互作用，多样是指教学模

式的灵活重组及分解、综合等，能动是指教学模式的有机运作。除了强调教学模式要有这些具体形式结构之外，还必须强调教学模式应具有的功能性作用。

（四）借鉴与创新相统一

借鉴传统教学模式的合理内容仍是构建新型素质教育课堂教学模式所必需的。当然，这需要对传统教学模式进行多方面的履行，如教师满堂灌和学生被动学等都必须改变，在改造中要有所创新，把现代教育的新思路、新方法、新技术融合于课堂教学。注意借鉴和创新的有机结合，以利于课堂教学模式的内容更完整、结构更新颖、功能更有效。

第四节　数学探究式课堂教学模式

数学探究性学习是在动态的教学过程中以问题为载体，创设类似知识发生发展的情境，让学生自己去体验、感受、发现知识的再创造过程，使学生领略数学对象的丰富、生动且富于变化的一面，进而形成数学知识、技能和能力，发展数学对象以及数学情感、态度和思维等方面的品质。探究式教学模式在概念型和简单规律、法则的教学中用得较多。

一、数学探究式课堂教学模式的目标

（一）知识目标

通过数学探究性学习使学生获得必要的数学基础知识和基本技能，理解基本的数学概念、数学结论的本质，了解知识产生的背景、应用，体会其蕴含的数学思想方法，提高数学分析问题、解决问题的能力。

（二）情感目标

通过数学探究性学习课堂教学过程的每一个互动环节，让学生体会学习数学的乐趣，保持强烈、持久、稳定的学习动机，坚持对数学学习持积极、乐观、向上的态度。通过充分的自主探究、合作交流、积极思考，提高学生交流和处理信息的能力，树立学数学的信心、锲而不舍进行钻研的精神和科学态度。

（三）应用创新目标

数学学习的本质是学生的再创造。数学探究性学习的课堂教学过程中要注意紧密联系生活的实际，从学生的生活经验出发进行教学，善于引导学生把生活经验上升到数学知识，培养学生应用数学的意识，鼓励学生积极进行创造性的思维活动，培养探索与创新精神。

二、数学探究式课堂教学模式的特点

（一）开放性

数学探究式课堂教学进行的是一种开放性的学习，在同一主题下，由于个人兴趣、经验和研究活动的需要不同，研究视角的确定、研究目标的定位、切入口的选择、探究工程的设计、研究方法的运用等具有很大的灵活性，从而实现目标开放、过程开放、结果开放。它强调的是富有个性的学习活动过程，关注的是学生在这一过程中获得丰富多彩的学习体验和个性化的创造性表现。学生在这种学习中将培养起开放性思维，这对培养学生的创新精神尤为重要。教育即引导儿童进入知识之中的过程，教育成功的程度即它引发的学生不可预测的行为结果增加的程度。

（二）探究性

探究性是数学探究性学习的课堂教学的核心。它主要是指人积极自觉地认识和行动，并且以一种选择与参与的态度主动地适应和改造客观世界的行为。过去学生的学习在很多情况下是在接受外界的被动刺激下，或者是在一定的压力下进行的（这种压力一般来自教师、家长和考试制度），这就谈不上学习的主动性、积极性，也就不会有较高的学习效率。而在探究性学习中，由原来"教师带着知识走向学生"变为"教师带着学生走向知识"，把学习的权利"还给"学生。学生主动参与，主动求知，通过自己的思考、探索，求得解决问题的思路与方法，充分发挥学生学习的主动性和自主性，形成一种稳定而持久的学习内驱力，更好地实现自我知识的建构。

（三）主体性

主体性主要是指主体支配自己权力的意识及能力，集中表现为自尊、自立、自强等自我意识，以及自我激励、自我调控、自我评价能力等。从产生疑问到提出疑问，是学生自主性的充分体现，教师要有机地引导学生勤思考、多分析，以培养学生解决问题的能力，使其获得成功体验，不断激励自己、认识自己，为主动学习奠定基础。学习是学习者所进行的活动，学习归根结底应由学习者来完成，靠教师的压服、强迫是很难奏效的，教师不能用自己对知识正确性的认知作为学生接受它的理由，也不能用科学家、课本的权威来压服学生，学生对知识的接受只能靠他们自己来完成。数学探究性课堂教学进一步强调学生的主体作用，把学习的权利真正还给学生，让学生真正成为学习的主体，实现自主学习。

（四）创造性

实现探究性学习的课堂教学鼓励创造的学习，其目标是培养学生的创新意识、创造性思维能力和动手实践能力，而创造性是主体发展的最高表现。对学生而言，学习的结果是通过增加独立思考、求新求异、发挥想象力、积极动手研究，利用数学的眼光，理解问题中潜在的数学特征，识别蕴含于日常生活、自然现象和其他学科中的数学关系，并把它们提炼出来进行分析，然后综合运用所学知识和技能加以解决，从而产生从未有过的想法、见解，具有自我实现的创造性。

在这个学习的过程中体现出的就是探索精神和求异思维。

三、数学探究式课堂教学模式的分类

（一）数学概念课的探究式课堂教学模式

概念的获得大致有两种方式：一种是概念同化方式，另一种是概念形成方式。前者的教学过程简明，可以比较直接地学习概念；后者的教学过程用得更多一些。事实上，数学概念既是逻辑分析的对象，又是具有现实背景和丰富寓意的数学过程。因此，必须让学生从概念的现实原型、概念的抽象过程、数学思想的指导作用、形式表达和符号化的运用等多方位理解一个数学概念。

1. 数学概念课的探究式课堂教学模式的理解

学生的学习过程是一种有层次的建构。其中活动阶段是学生理解数学概念的一个必要条件，通过活动让学生亲身体验、感受直观背景和概念间的关系；过程阶段是学生对活动的思考，经历思维的内化、概括过程，学生在头脑中对活动进行描述和反思，抽象出概念所特有的性质；对象阶段是通过前面的抽象认识到了概念本质，对其进行压缩并赋予形式化的定义和符号，使其达到精致化，成为一个思维中的具体的对象，在以后的学习中以此为对象进行新的活动；图式的形成是要经过长期的学习过程进一步完善，起初的图式包含反映概念的特例、抽象过程、定义及符号，以及经过学习建立起与其他概念、规则图形等的联系，在头脑中形成综合的心理图式。

2. 数学概念课的探究式课堂教学模式说明

第一，数学概念是抽象的，但都有其客观的物质基础，通过创设情境，呈现刺激这一环节，就是为概念的形成提供"物质基础"。对学生来说，"数学现实"就是他们的经验，所以结合学生的实际和学生的认知规律或学生关心的事物，可以提高学生对数学知识的直接体验，激发学生的学习兴趣，这需要教师根据具体的教学内容创设合情的、合理的、有针对性、有目的性的情境。

第二，学起于思，思起于疑，疑则诱发探究。数学概念的学习不是由学生直接接受课本或教师的现成结论，而是教师引导学生亲身参与的丰富、生动的数学活动过程。在这一过程中让学生充分地自主活动，或独立思考，或分组讨论，使他们有机会对呈现的刺激模式进行观察、分析、对比、发现、归纳，对刺激模式的属性进行充分的分化、比较，进而培养学生从平常的现象中发现不平常性质的能力。

第三，在分化、比较各种属性的基础上引导学生对刺激模式中的共同属性进行抽象，并从共同特征中抽象出概念的本质属性，概括形成概念。这一过程，就是明确概念的内涵和外延的过程，是学生思维的再创造过程，这是探究性学习活动的重要环节。

第四，概念形成后，教师要采取适当的措施，使学生认知结构中的新旧概念分化，以免造成新旧概念的混淆。另外，应及时把新概念纳入已有的概念体系中，使之与学生已有的认知结构中的有关概念建立联系，同化新概念，并立刻巩固新概念。巩固概念是一个不可缺少的环节，这也是知识向技能转化的关键。巩固的主要手段是应用，在应用中求得对概念更深层次的理解。

第五，当学生逐步学会形成概念的方式后，要引导学生在学习过程中自行定义概念，并能检验和修正概念定义的过程，又是一个概念应用的过程，从中可看出概念的本质特征是否已被学生真正理解。

（二）数学命题课的探究式课堂教学模式

数学命题的教学是获得新知的必由之路，也是提高数学素养的基础，因此它是数学课的又一重要基本课型。

1. 数学命题课的探究式课堂教学模式的理解

命题课教学中，进行语言要准确，论证要严格，书写要规范。命题证明的思路宜采用"分析与综合相结合"的方法，即假定结论成立，看其应具备什么充分条件或从已知条件出发，看其能推出什么结果，即前后结合进行分析。还可考虑是否需要添加辅助元素，把欲证的问题做分解、组合或其他转换。

2. 数学命题课的探究式课堂教学模式的说明

对于每个环节，针对教材内容和教学实际，可赋予不同的内涵，采用不同的形式。

（1）创设情境

要求教师根据教材的特点，找准知识的生长点，精心设计问题。根据不同的教学内容，设计的问题可以是实际问题，也可以是数学问题或模型演示，通过具有启发性、探索性和开放性的问题引起学生的认知冲突，激发探究兴趣。

（2）分析猜想

公式、定理课的教学，不能只满足于结论的证明与应用，而应鼓励学生以探索者的姿态出现，去猜想、去探索它们的发现过程。这一环节要充分发挥学生的主动性，引导学生通过实验、观察，运用类比、联想、归纳、综合等方法去探索、去研究，在学生的主动参与中，使问题逐步得到解决，在问题解决的过程中，引导学生不断猜想，不断发现新问题，获得新知识、新方法。教师可以根据不同的教学内容，引导学生去猜想结论、猜想规律、猜想策略。

（3）论证评价

在这一环节中，教师要引导学生对自己的猜想进行评价，去验证自己结论的合理性，并给出严格的逻辑证明，应鼓励学生尽可能用自己的方式完成证明。在学生经过探究，找到思路之后，不要急于证明和应用，要给学生提供一个展示思维过程的机会，讲出自己的思路，并反思自己的思路是怎样想到的，使更多的同学受到启发，相互借鉴，并讨论能不能用别的方法来证明促使学生思路发散。

（4）推广应用

定理公式的运用是必不可少的一环。前面三个环节是从实际问题出发，经过分析探究逐步形成理论。而这一环节则是运用理论来指导实践，让学生学会用数学知识解决实际问题。这正体现了"实践—理论—实践"的哲学思想。通过这一环节，引导学生进行反思，对知识进行整理，对规律进行总结，对思想方法进行提炼，最终形成自己的观点。

（三）数学解题课的探究式课堂教学模式

1. 数学解题课的探究式课堂教学模式的理解

解题过程并不是题海战术的实施。学生会把问题和类型联系起来，如果学生死抠解题类型，就不会思考出题者的数学意义，这个过程主要是记忆和操练，这样学生的思维空间就缩小了，虽然发展了解题技能，但没有发展学生的数学理解和思考能力。事实上，解题教学应由教师提供良好的教学情境，引导学生思考情境中的问题与运算意义的联系，让学生经历思考、讲述、探索与再创造过程，在这一过程中获得对概念的进一步理解，进而发展数学思维和能力。

2. 数学解题课的探究式课堂教学模式的说明

第一，解题课的重点是习题的处理，其中选题是重要环节，是教师备课的重点。一般认为，教学中的好题，需要启发性，便于学生参与，又具有趣味性、典型性、挑战性、开放性、探索性。典型性指题型有代表性，思路方法具有一般性，联系知识具有广泛性；探索性是指类型开放，面孔新颖，思路灵活。难易统一是指有的问题表面上易、形式上易，但实质上不易，对能力要求高，解答易出错；有的问题表面看似难，但若抓住本质，实际不难。

第二，尝试解答是探究性学习课堂教学模式的重要环节。这里的尝试是指学生主体的探究活动，强调学生是学习的主体，立足让学生去探索、发现、创新。教师可根据情况就反向性问题给以引导，一般不对具体题目进行提示，把教师的"导"转化为学生的"思"，避免用教师的思维代替学生的思维。引导学生自己完成去伪存真、去粗取精的工作，找准问题的本质，设计或选择正确的解题方法。教师应该指导学生保持良好的心态，始终用高强度、高质量的思维进行探究活动，如果思维出现明显的偏差，应坦然以对，并逐步学会及时调整思路，避免出现过分焦虑。解题的探究过程是个创造的过程，要善于运用联想、归纳、转化、数形结合、换元、配方等常用的数学思想方法，动手做、动眼察、动耳听、动笔写，逐步提高探究能力。

第三，探究深化包括归纳交流和变式训练两种途径。归纳交流主要发生在学生集体中，发生在个体与个体之间。在教师的指导下，学生主体可以进行一些局部的或全方位的交流活动。在交流中，学生互相借鉴探究过程的思路，共同分享探究活动的成果，互相传递彼此的智慧。一题多解、多解归一是手段而不是目的，重点不在解法的数量上，而在于开阔思路。教师要抓住这一环节，引导学生真正把问题弄懂弄透，掰开揉碎，使其成为切实有效的锻炼思维的手段。在交流过程中，还应引导学生分析探究过程中失误的原因，找到避免这种失误的方法，做到"吃了一堑"，就要"长上一智"。归纳交流还应规范和优化解题思路和步骤。

第四，习题课的反思小结，重在使知识纳入系统，使方法得到提炼，使解题思路得以开阔。

第三章 中职数学教学方法

第一节 建立科学的认知结构和思维习惯

一、建立学生良好的认知结构

所谓认知结构是指学科知识的实质内容在学习者头脑中的组织。换句话说，认知结构是主体对客观知识结构反映的产物。什么是数学教学活动中的认知结构呢？我国著名数学教育家曹才翰先生指出，在教学活动中有三种结构：知识结构，即知识本身的逻辑体系；认识结构，即人们在认识活动中的心理过程（感觉、知觉、思维、想象、记忆、注意等）和个性差异（性格、能力等）；认知结构，它是知识结构与认识结构的一种综合体，它是主体与客体在特定条件下的统一。因而，认知结构是学生观念的全部内容和组织，即不仅是全部知识，而且还有组织这些知识的方式。善于学习的学生，在头脑中把知识组织得很好，这样就便于储存和提取，同时把新学到的知识纳入原有认知结构的适当部位，或改变原有的认知结构。中职生良好的认知结构，不仅是数学基本知识的储存，而且这些知识的结构也应当是有规律的、系统的、有序的、纵横交错和网络的。因此，需要教学中培养学生良好的认知结构。一方面，学生在运用某些数学知识时，便于从认知结构中提取出来，从而使问题得以顺利解决；另一方面，利于学生的进步。事实上，数学认知结构良好的学生，既易于接受新知识，也善于实现新知识对于原有认知结构的同化和顺应。在中职数学教学中，形成学生良好的认知结构，有如下基本途径。

（一）重视数学基础知识的感知

数学基础知识的教学，是数学教学最重要的组成部分之一，无论教师采用什么样的教学方法，都应该有利于学生对数学基础知识的感知。用心理学的观点分析，人对事物的第一次接触是最敏感的，教学的成功与否，重要的一条就是看首次接触数学问题时，教师如何引导学生探究和学习。因此，在新知识的教学中，教师应格外地精心准备，使学生对新知识的产生、应用范围有一个准确的认识，这就要求教师在教学中做到以下两点。

1. 防止学生感知的片面性

在进行数学基础知识的教学时，教师首先要深入研究教材，全面把握教材，从而制定出良好的教学方法，使学生对基础知识有全面的认识。

2. 重视感知过程中的数学思维活动

我们知道，数学的抽象性是以具体为基础的，而抽象的结论又要回到更广泛的具体中去，在教学过程中就表现为这样的阶段性：具体感知—抽象概括—实际应用。这一过程包含了学生认识过程的两个飞跃，而这两个飞跃，又是由潜在的数学思维活动来进行的，至于数学知识的感知阶段，主要是第一个飞跃，即具体感知—抽象概括，我们这里所指的就是重视第一次思维活动。

在有些数学教学活动中，不重视数学结论的发生过程，以为这是可有可无的，因而课堂上急于拿出数学结论来教给学生，造成抽象和具体脱节，这是违背学生认识规律的，事实证明这种教学方法大多是失败的。现代数学教学主张"推迟下结论"，并努力揭示产生数学结论的思维过程，来促使学生对数学基础知识的理解。

（二）注意新旧知识的联系

学生能否顺利地学习新的数学知识，关键要看他原有认知结构中是否存在对新的知识起固定作用的因素，如果讲矩形，学生原有的赖以同化的认知结构是平行四边形，若平行四边形的知识未学好，矩形的学习就缺乏基础；同样，如果学生对加法原理和乘法原理尚未真正理解，他学习排列组合就会有很大的困难。关于这一点，传统教学也很重视（强调温故知新），现代数学教学又赋予它许多新的意义。我国数学教学长期的实践和研究证明，注意新旧知识的联系对形成学生良好的认知结构至关重要，我们知道，认知是由"领悟"事物的联系而实现的，学习新知识不仅要以原有的认知结构为出发点，而且要以扩展和完善认知结构为归宿。

1. 注意讲新课前的复习

中职数学中的某些新知识，本来就是旧知识的发展或换一种表现形式，例如，多边形的内角和就是三角形内角和定理的发展，对数的本质就是指数，等等，有时引进一个新概念后又归结到旧知识。例如引入有理数的概念后，其运算又归结到算术运算。因此，新旧知识的结合点往往是我们教学的重点，也常是我们启发学生思维的出发点，设计新知识的教学方法，就是要创设一种问题情境来揭示新旧知识的联系。这种以旧带新的方法，为新知识的学习铺平了道路。

2. 教学过程中随时注意新旧知识的联系

由于数学学科本身具有内在的逻辑联系，许多数学知识和方法之间往往存在着某些联系，教学过程中随时注意揭示这些联系，有利于学生把有关的知识联结起来，有利于形成良好的认知结构。

（三）注意知识的系统化

学生每天在课堂上学习的知识往往是"单个的"，久而久之，学生容易忽视知识间的内在联系，忽视知识的系统性，而知识的系统性，正是学生形成良好认知结构的主要组织形式。因此，教学中教师应适时地进行单元复习、总复习，使所学知识系统化，而且将这些系统的知识逐渐内化，由量变到质变，促进学生思维整体结构的发展，形成良好的认知结构。复习应注意以下两方面：

1. 重视概念的系统与深化，提炼数学思想与方法

（1）揭示概念的本质特征和内在联系，整理概念系统，比如将数、式、方程、函数按其运算范围扩充，列表说明它们的内涵和外延的关系，使概念体系一目了然。

（2）揭示概念的变化发展。中职数学课程里，有的概念是逐步明确化、精确化的，有些概念是逐步扩充的，复习时应把它们的变化和发展揭示出来。例如距离的概念，先有两点间的距离、平行线间的距离，再到点到平面的距离、异面直线间的距离、平行平面间的距离。

（3）总结数学的基本思想和基本方法。学好中职数学必须抓好几个数学思想的重大转折和一些重要的数学方法，即灵活运用数学运算律，实现从算术到代数的过渡；用集合和简易逻辑推动由实验几何到论证几何的过渡；用向量和坐标法实现由综合几何到解析几何的过渡；函数概念的发展反映了由常量数学到变量数学的过渡，同时反映出诸如配方法、换元法、待定系数法等数学方法。总复习时应尽力提炼出数学的基本思想、基本方法，使学生在数学思想方法上有进一步的提高。

2. 重视复习题的选配

复习题的选配要着眼于发展学生思维和培养学生的能力，要着眼于系统知识的掌握与巩固，也就是说复习题的选配不仅要具有概念性、典型性、针对性、综合性，而且还要有启发性、思考性、灵活性及创造性等特点。

（四）通过比较，正确理解基础知识

对比有利于发现概念间的异同和关系，有利于概念的逐步精确化，对学生寻找错误的根源也有帮助，这种教学方法若运用得当，效果是很好的。

二、养成学生科学的思维习惯

众所周知，在数学思维活动乃至一般的实践活动中，都希望自己具有较强的思维能力，这取决于一个人的思维品质。思维的发生和发展，既服从于一般的、普遍的规律性，又表现出个性差异。这种个性差异体现在个体思维活动中，就是思维品质，有时也称思维的智力品质。由于数学本身及其研究方法的特点决定着数学思维具有自身独有的特点，下面将根据这些特点，就教学中养成学生科学的思维习惯要贯彻的几个重要的思维品质做必要的分析研究。这些思维品质是：深刻性、广阔性、灵活性、创新性、目的性、概括性及批判性。

（一）思维的深刻性

思维的深刻性经常称之为分清实质的能力，这种能力表现为能洞察所研究的每一事实的实质及这些事实之间的相互关系，能从所研究的材料中揭示被掩盖着的某些个别特殊情况，能组合各种具体模式等。在教学中养成学生思维深刻性可从以下三方面入手：

1. 透过现象，抓住数学实质

很多的数学问题，已知条件和未知条件的关系比较隐蔽，解题途径不甚明朗，很多的同学对这类问题感到无从下手。究其原因就是被问题的表面现象所迷惑，抓不住数学实质，因此，教学中我们要培养学生多方位地考察问题、抓住问题的实质能力。

2. 注意数学结论的推广

思维的深刻性还表现在不满足于个别的特殊的结论，而注意探索其一般的规律。从特殊到一般进行联想是培养这一深刻性的一个重要方面。

3. 防止学生思维的肤浅性

思维深刻性的反面是思维的肤浅性，经常表现为满足于一知半解，对概念不求甚解，考虑问题不去领会问题的实质。这反映在数学学习中往往对一些定理、公式不去思考它们为什么成立、在什么条件下成立，做练习时不去领会解题方法的实质。克服学生思维的肤浅性，就需要教师在教学中提醒学生不迷恋事物的表面现象，引导他们自觉地思考事物的本质，从而达到培养学生思维深刻性的目的。

（二）思维的广阔性

思维的广阔性是指思路宽广，善于从多方面探求。不但能研究问题的本身，而且能研究其他问题，任何一个事物总不会都像一个球，从每个角度看都是一种形状而无变化；任何一个事物也总不会都像一张白纸，看上去永远像一个平面而无层次。数学教学应当提倡立体思维，也就是多角度、多层次的思维。在数学教学中应要求学生既把握数学问题的整体，抓住它的本质特征，又要求不忽视重要的细节和特殊的因素，放开思路进行思考，解决问题。不过思维的广阔性也是以丰富的知识经验为依据的，数学教学中可引导学生从多方面联系，寻求多种解决问题的方法。

思维广阔性的反面是思维的狭隘性，其表现为思考问题时，跳不出条条框框的束缚，思维处于封闭状态。在学生的学习中经常表现为只是围绕书本和教师转，或者陷入题海之中思维得不到主动发展，长期下去必然造成思维的片面和狭隘，这对培养学生的思维能力会带来很大的消极作用。

（三）思维的灵活性

思维的灵活性是指能够根据客观条件的发展与变化，及时地改变先前思维过程，寻求新的解决问题的途径。也可以说思维的灵活性能及时摆脱心理定势。在中职数学教学中，学生思维的灵活性主要表现在能随着条件而迅速确定解题方向，或者随着条件的变化而有的放矢地转化解题方法，也表现在随着新知识的掌握和经验的积累，而重新安排已经学会的知识，表现在从已知数学关系中看出新的数学关系，从隐蔽的形式中分清实质的能力上。数学教学中培养学生思维灵活性的方法如下。

1. 日常教学中从小处示范和训练

学生数学思维的灵活性不是一朝一夕可以形成的，要靠教师有意识的长期努力，在教学中不放过小的、细微的地方，从简单的、容易的地方做起，并持之以恒。日常教学中从小处抓起，日积月累，对学生来说是至关重要的，我们采用的教学方法应有利于这种经验的积累。

2. 教学阶段结束时对已讲过的例题重新探究

教科书上的例题，是针对所讲新知识安排的，故有些例题的解法并非最简，特别是学生在后继学习中，学到了新知识，回过头来探究原来学过的例题时，也会发现新的解法。教师有计划地进行这种探究，有利于培养学生思维的灵活性。

3. 适当选取教科书之外的思维灵活性的题目

培养学生思维的灵活性，我们提倡以教材提供的内容为主，但基于中职职业性的需求促使我们必须找一些灵活而新颖的阶段复习题和总复习题，选取题应做到：①精选。所选题目的解法和思路教师必须熟悉，最好是亲自做过，结合教学大纲和学生的实际水平选取，不要把复习资料成套成套地发给学生，这样会加重学生的负担，扰乱学生的思维。使他们疲于奔命，无所适从。②所选题目应紧扣教材中的基础知识、基本技能和基本方法。③所选题目的灵活性一般应比教科书上的题目稍高，数量一般不宜过多。④题型灵活新颖。许多有经验的教师都长期进行收集复习题的工作，他们收集的题目经筛选、分级、分类，逐年充实，逐年更新，选用题目时得心应手，复习效果较好。因此，我们每个数学教育工作者都应吸取这方面的经验。

4. 防止思维的呆板性

思维灵活性的反面是思维的呆板性。知识和经验常被人们按照一定的个人习惯、"现成途径"反复认识，这就产生了一种刻板印象，使思维倾向某种具体的方法和方式，使人们在解决问题过程中遵循业已知悉的规则系统，这就是思维的呆板性。思维的呆板性反映在数学教学中就是片面强调分析问题和解决问题的程式化或模式化，缺少应变能力。

当然，思维的呆板性也有好的一面，即在解同一类问题时，我们不必重新安排解题程序。教师在教学中的重要任务是克服呆板性消极的一面，及时地让学生了解新情况下的新的解题途径，鼓励学生用非一般化的方法去解题，借以克服思维呆板性的消极作用。

（四）思维的创新性

一般来说，思维的创新性是指独立思考创造出有社会（或个人）价值的、具有新颖性成分的成果的智力品质。它的特点是主体对知识经验和思维材料进行新颖的组合分析、抽象概括，以达到人类思维的高级形态；它的结果，不论是概念、理论、假设方案或是结论，都包括新的因素，它是一种探新的思维活动。当然，这新颖是具有社会价值的新颖，它可能被人们所忽视或误解，但它的见解或产物，最终会被社会所承认。

在中职数学教学中，思维的创新性不能片面地理解为科学家的创造发明所表现出的新颖性，而是表现在学习数学的过程中善于独立思考、分析和解答问题。提倡探讨与创新精神，当然也包括新颖独特的解题方法、小发明、小创造等。因此，教学中教师要自觉地启发学生提问题，提问题是思考的结果，也是创新的开始。不要给学生立下很多的规矩，即学生在学习过程中常会提出许多不同的看法或新见解，它往往蕴藏着智慧的萌芽，哪怕只有一点点新意也应充分肯定和大力鼓励。在中职数学教学中，思维的创新性更多地表现在发现矛盾以后，把知识融会贯通，以积极的姿态突破矛盾，最终解决问题。

思维创新性的反面是思维的保守性。它的主要表现是在数学学习中受各种条条框框的限制，思维落入俗套而受束缚，不愿多想问题，只求现在的"法规"，而产生思维的惰性。消除思维保守性的有效方法是提倡学生多问几个"为什么"，教师在加强基础知识与基本训练的前提下，要提倡学生独立思考。

（五）思维的目的性

思维的目的性是指在思考问题时，要力求思维的方向总放在该目的上，从而做出明智的选择，力求寻找达到这一目的的捷径。目的性往往与求知欲联系在一起，表现主体持续不断地探索问题，有努力获得知识的愿望。因而，思维的目的性含有思维的主动因素。在教学中教师应时刻明确目的，营造一个良好的学习情境。

（六）思维的概括性

通过分析和综合在思想上不同的对象，或把对象的个别部分、个别特性区分出来，确定它们之间的相同或不同关系，并且以此为基础，在思想上把它们联合起来，这就是概括；同时把本质的东西和非本质的东西区别开来，这就是抽象数学，为了在比较纯粹的状况下研究空间形式和数量关系才不得不把客观对象的所有其他特征抛开不管，只抽象出空间形式和数量关系进行研究，这就是数学的抽象。数学的抽象性表现为它高度的概括性。抽象和概括是互相联系、不可分离的，这一点在中职数学教学中尤为明显。数学课总要讲到许多新的数学知识（这主要是抽象过程），因此一般情况下，我们提到数学的抽象性，往往既包含了它的概括性，也包含了它的抽象性。

国内外的研究表明，概括数学关系的能力是主要的数学能力，对中职生而言，数学概括能力主要表现为以下两个方面：第一，能从例题和习题的解答中发现规律，并能将其概括为解题模式。数学的解题模式，指数学知识、技能和关系，从一种状态向另一种状态运动过程，如果带有某种或然性，并非纯属偶然，那么这一运动过程就呈现为一种解题模式。第二，能将解题模型运用到外表不同的类型题目中。简单地说，就是"模式形成"和"模式识别"。模式的形成对于数学能力很强的学生来说，只需一个例题就能发现规律，往往可以不依赖于教师的帮助，就能概括为解题模式。但对于大多数学生来说，教师的帮助是必不可少的，学生面临的大多数数学问题是通过模式识别来解决的。即将陌生的数学问题，逐步实施转化，最终变为他所知的解题模式，然后再按模式解决。

在中职数学教学中，养成学生思维的抽象概括性，是提高数学教学质量的重要途径，因此，教师在数学教学中应处处培养学生的概括抽象能力，具体地说有以下建议：①在概念、命题、公式的教学中，随时注意由事实抽象概括出结论。有些数学概念、命题、公式是从一些数学事实中抽象概念出来的，在讲解时就有必要交代清楚有关的背景，这样学生所学知识就成了有源之水、有本之木。不仅如此，在背景材料的概括抽象中，还可以发展学生的观察、类比、归纳、抽象概括的能力。②在解题教学中随时注意解题模式的概括抽象。有些学生看到一个陌生的题目，往往会感到束手无策，产生障碍，这与他们掌握的解题模式较少、模式识别能力差有一定的关系，因此，教学中注意解题模式的概括和应用，有利于学生解题活动的顺利进行。

（七）思维的批判性

思维的批判性是指思维活动中善于严格地估计思维材料和精细地检查思维过程。思维的批判性是思维过程中自我意识的结果。在数学教学中，学生思维的批判性表现为愿意进行各种方式的检验，即检验已经得到的或正在得到的粗略结果，检验归纳、分析和直觉的思维过程；还表现为善于找出或改正自己的错误，重新进行计算和思考，找出问题之所在。在中职数学教学中，提高学生思维的批判性，有以下基本途径。

1. 养成学生解题后反思的习惯

解题后的反思，主要是指检验所得结果是否正确无误，推理是否有据，答案是否详尽无遗，是否还有其他更简洁的解法。

（1）检验答案是否正确无误时，应让学生掌握各种检验方法。例如，解方程可用代入法，解不等式或化简可用特殊值法，实际问题可检验其是否符合客观实际。

（2）检验推理是否有据，可以培养学生良好的科学态度，树立严谨的思想作风。学生常犯推理无据的错误，检验时只检验答案，而不检验每步推理是否有据，往往出现答案正确、推理无据的错误。

（3）检验答案是否详尽无遗，就是要对问题的所有情形做全面的分析。

2. 教学中经常进行改错训练

思维批判性的反面是无批判性，这也是许多中职生的特点，他们常常表现为轻信结论，不善于或不会找出自己解题中的错误，为此，在教学中经常出一些改错题，对克服学生思维的无批判性是有好处的。

3. 准确分析判断

在教学中经常提倡不要迷信书本，不要迷信老师，凡事都要用头脑思考，有分析地接受，有分析地批判。

以上我们对思维品质的几个方面做了阐述，这几个方面的思维品质是互相联系、密不可分的，处于有机的统一体中。其中思维的深刻性和广阔性分别从纵向和横向两个角度表现出思维的品质，它们是思维品质的基础；思维的目的性决定着思考的方向；思维的灵活性和创新性是根据思维的目的性在思维的深刻性和广阔性的基础上引申出来的；思维的批判性是在思维深刻性基础上发展起来的；思维的概括性是以思维的其他几个方面品质为必要前提的，同时又是其他几个思维品质的具体体现。因此，要想区分这些思维品质中的哪些品质重要，是非常困难的，而且从数学的观点上看也未必恰当。总的说来，培养学生良好的科学思维习惯，以上七个思维品质是缺一不可的。

第二节　培养基本的数学能力和思维过程

一、培养学生基本的数学能力

现代数学教学中，培养和发展学生的基本能力已经被提到了与学好基础知识同等重要的地位。知识和能力是密不可分的，基础知识是发展能力的必要前提，没有知识做基础，不可能形成能力；但有了知识而没有消化，缺少必要的训练，不能灵活运用、不能形成稳定的个性心理特征，就不能自然地转化为一定的能力。因此，在学习基础知识的同时，还必须注意加强有计划、有目的的训练，重视学生基本能力的形成和发展。基本能力包括一般能力（观察力、记忆力、想象力、思维力、注意力）在数学中的特殊应用，也包括数学中的一些特征能力（运算能力、逻辑思维能力和空间想象力），还包括其他综合性的能力（理解能力、自学能力、探究能力等）。这里我们仅对一般能力在数学中的应用，以及数学特征能力做一些阐述。

（一）培养学生的运算能力

中职数学中的运算，主要包括数和式的代数运算、初等超越运算、集合运算，以及简单的数据统计与处理等。运算能力是指进行上述运算的能力，它反映在运算的准确、合理和敏捷的程度上。运算能力是在掌握运算技能的基础上发展起来的，但它主要表现在灵活运用运算的法则、性质、公式，善于观察、比较、分析、综合、概括、推理等。它是一种综合性的能力。学生运算能力的形成，应以掌握有关运算的基础知识和基本技能为前提，同时与其他能力相配合，因此，培养学生运算能力应有以下基本途径。

1. 使学生正确理解和掌握数学基础知识

学生只有理解和掌握了相应的概念、法则、性质、公式以后，才能进行正确的运算。若对有关数学知识不理解，或只知算法、不明算理，都会直接影响运算能力的形成和提高。因此，使学生正确理解和掌握概念、法则、性质、公式等数学基础知识，是提高学生运算能力的根本途径。

2. 提高学生运算中的推理能力

数学运算的实质是根据运算定义及其性质，从已知数据及算式推导出结果的过程，因此，运算过程的实质是一种推理过程，提高学生运用性质和公式进行推理的能力是提高学生运算能力的必要途径。

3. 加强运算的严格训练

俗话说"熟能生巧"。就是说只有熟练地掌握基础知识和基本运算，才能形成运算中的技能技巧。没有运算中的熟练，就不能生成运算中的"巧"，因此，教学中必须有目的、有计划地加强运算的严格训练，这是提高运算能力的有效途径。对学生进行运算的严格训练，除前述加强推理训练外，还应抓好以下几方面的训练：①加强口算、速算方法的严格训练。口算与速算是数字计算的基本技能，训练内容宜少而精，并逐步让学生掌握各种方法。②进行运算技巧的严格训练。运算能力强的学生，常常表现在运算灵活、简捷、合理等技巧上，因此，进行计算技巧的严格训练，是提高学生运算能力的必要措施。

（二）培养学生的逻辑思维能力

逻辑思维能力就是遵循一般的逻辑思维规律，能正确地运用各种逻辑思维形式和基本的逻辑方法进行思考的能力。学生学习数学，经过感知获得感性材料，然后运用分析和综合、比较、抽象和概括、一般化和具体化等一系列思维方法，认识数学的概念和规律，其中分析和综合是思维的基本方法。抽象水平的分析和综合表现为"执果索因"的分析法和"由因导果"的综合法。这方面的能力就是分析综合能力，在观察比较的基础上，经过抽象和概括，从而达到对事物的本质和规律的认识，这里所表现出来的就是抽象概括能力。数学结论的正确性，总需要通过推理证明，关于这方面的能力就是推理论证能力。所以逻辑思维能力一般包括分析综合能力、抽象概括能力和推理论证能力。因此，使学生切实学好数学基础知识和必要的逻辑知识，提高分析和综合、抽象和概括、推理论证的能力是培养学生逻辑思维能力的重要途径。

1. 使学生切实掌握数学基础知识及必要的逻辑知识

数学学科的基础知识，是思维的依据，而这些基础知识严密的逻辑体系，又是逻辑思维的基本形式和方法在演绎过程中的充分显示和运用。教学中应该高度重视这一点，在指导学生循序渐进地学习数学基础知识的同时，适时地介绍有关逻辑的初步知识，要求学生有意识地去领会、理解并逐步掌握这些逻辑思维的基本形式和方法，保证思维的正确性和合理性。例如，结合教学内容，适时地介绍概念定义的方式、概念的正确分类方法、推理与证明的规则和方法等，就可以避免和防止诸如分类的重复和遗漏、没有根据的推理证明等逻辑错误，就可以逐步体验数学知识的逻辑体系，提高逻辑思维能力。

2. 提高学生分析和综合、抽象与概括以及推理证明的能力

在数学中，对用数学符号表示的文字或图形的分解与组合寻求证明途径、推

理论证都离不开分析与综合，在教学中结合具体实例，经常反复地阐明这种思维方法，会促进学生逻辑思维能力的提高。分析与综合从逻辑思维方法的角度而言，还有另一种含义：分析就是把思维对象分成若干个部分来考察；综合就是把各部分考察的结果结合起来，形成对整体的认识。在教学中，经常地运用这种方法，阐明其思维过程，树立"化整为零、积零为整"的思想观点，是培养学生逻辑思维能力的有效途径。抽象与概括也是一种逻辑思维的方法，在数学中，要形成概念，获得命题，建立公式和归纳法则等都需要运用它。教学中若能有意识地经常展现这一逻辑方法的思维过程，也是培养学生逻辑思维的有效途径。

3. 加强推理与证明的严格训练

首先，教师在数学教学中，从语言到板书要求严格遵守逻辑规律，正确运用推理形式，做出示范，这对学生潜移默化的影响是相当大的，长期做好这项工作是十分必要的。其次，必须教育学生养成严谨推理和证明的习惯，要通过课堂提问、课堂练习、课外练习，及时发现和了解学生在推理与证明方向的困难和缺陷，并帮助他们克服改正。再次，随时指出并纠正学生在推理论证中易犯的错误，这也是进行推理和证明的训练中不可忽视的工作。

（三）培养学生的空间想象能力

空间想象力是指对空间图形的想象能力。在数学中对空间图形的想象，往往还借助于逻辑推理与计算，才能确定它的形状、大小、位置关系，因此，空间想象力与逻辑思维能力，甚至与运算能力都有密切联系。空间想象力，是在学生掌握有关空间图形的基础知识和基本技能过程中发展起来的。一般要通过对实物模型的观察、分析、综合和识图、画图等活动，想象出基本图形，进而直接想象空间图形，并对它进行分解组合，以求得问题的解决。空间想象力有一个逐步提高的过程。

1. 使学生学好有关空间形式的数学基础知识

中职数学里有关空间形式的知识，几何占有很大部分，但不只是几何知识，还有数形结合的内容，如数轴、坐标法、三角函数的几何意义、方程与曲线、几何量的度量与计算等内容，都可以通过数量分析的办法对几何图形加深理解。形或图像具有具体化、形象化的特点，解决某些问题时恰当地把数或形结合起来，可以化难为易、化繁为简，从而有助于学生空间想象力的培养。

2. 利用对比和对照的方法进行教学

采用对比和对照的方法，帮助学生建立空间概念和数、式与图形的对应关系，对培养学生空间想象力是十分有益的。例如，在立体几何教学中把空间图形与平面图形对比，空间图形性质与平面图形性质对比；物体或模型与所画图形对照，进行直观分析；在解析几何教学中把数、式与图形对照，使学生理解各种曲线的性质等。

3. 加强空间想象力的严格训练

加强严格训练，同样是培养空间想象力的有效途径。在中职数学教学中，训练空间想象力必须经过精心选编一定数量的练习题，有目的、有层次地要求学生积极参与，不断提高；同时要加强直观教学，充分而适当地利用实物、模型和生活实际环境中的形象，丰富学生的想象，有条件还可以让学生结合教学内容，自己动手制作教具、模型，并逐步学会观察、解剖、分析、组合和概括空间形体，树立空间观念；还可开展一些教学实习活动，如测量、设计、制作图表等。

（四）培养学生的记忆力

记忆是把学习过程中获得的知识储存起来，以后能按照需要或者在某种条件激发下把储存的知识再现出来，并能用来进一步学习或解决问题；记忆也可以说是把所学的新旧知识形成一个稳定的认知结构，作为发展认知结构的基础。学习数学需要很强的记忆力，因为数学具有高度的抽象性，具有较强的逻辑系统性。数学语言同其他语言比较还具有它的独特性，这些都会给学习数学带来困难，前面的知识记不牢，就很难学习后面的知识，因此，在数学教学中培养学生的记忆力是十分必要的。下面我们根据数学的特点介绍几种记忆方法。

1. 概括记忆

数学的抽象性表现为它的高度概括性，许多的数学规律、数学公式都是高度概括的结果。教学中我们可以把握这个特点提高学生的记忆效率。

2. 模型记忆

由于数学是研究空间形式及其数量关系的学科，它的内容是非常现实的。许多数学事实都有它的具体背景材料，都有它具体的模型，教学中我们可根据这个特点帮助学生记忆。

3. 类比记忆

我们知道，类比是一种重要的数学方法，许多数学命题、公式、法则都是通过类比得到的，同样，类比在数学记忆中也起着不可忽视的作用。

4. 递推记忆

由于数学中存在着很多有序的递推关系，这些有序的递推关系便于学生的联想，有助于记忆，教学中我们应随时注意整理提高学生的记忆效率。

5. 轮换、代换记忆

数学中的一些定理、公式、法则有着其他学科不具有的特性，这些特性在数学记忆中给我们提供了很大的方便。像轮换式、对称式只需将一个式子的字母稍加改变，就能换成另一个式子，教学中应充分利用这种优势，促进学生的记忆。

6. 逻辑组织化记忆

布鲁纳认为，人类记忆的首要问题在于组织，也就是把材料按照某种结构组织起来，就有助于记忆。数学材料的组织就是按有关的数学知识的内在联系列成表格或按有关的数学内容的内在逻辑系统列出逻辑推演图，这种组织工作是"思维加工"，也就是人们常说的"把书由厚念薄"。在数学学习中如果找不出各部分内容的内在联系，是不便于记忆和掌握的，因此，在数学教学中教师应把这种"本领"教给学生，从而促进学生的数学记忆。

（五）培养学生的观察力

观察，指有目的、有计划、比较持久的感观过程，是人们有目的、有选择、积极主动地收集信息的一种活动，是人类认识世界、改造世界、获得知识的重要途径。在观察的时候，观察者要预先提出一定的任务，拟出一定的计划，按计划通过感官接受外部的各种刺激，在思维的参与下逐步形成对观察对象的印象，提出问题并从中寻求某种答案。有人通过统计确认，一个人的知识90%是通过观察获得的；有人说，观察是活跃思维的基础，是解决问题前的调查研究；有人说，观察是检验科学理论的手段，是踏进科学殿堂的起点；还有人说观察是智慧的火花；更有人把观察称之为"思维的知觉"。这些关于观察的重要意义的说法不无道理。体现在数学领域中的观察力，主要表现为对客观事物中的数量关系和空间形式的观察，对各种图形、各种数据、式子的结构、形象和特点及逻辑推理过程的观察。因此，在数学教学中培养学生的观察能力有以下基本途径：①观察形式结构的特点。数学研究的对象是客观世界的数量关系和空间形式，因此，数和形成为数学观察的主要对象，教学中我们应利用这个有利条件，培养学生的观察力。②观察数和形的变化规律。③观察条件和结论结构上的区别与联系。

中职数学教学中，除培养以上所述几个基本能力外，还须培养学生的注意力，分析解决问题的能力，独立思考、独立获取知识的能力。培养学生的能力，尤其是一般能力，是从事任何工作都需要的，在中职数学教育中应长期不懈地、有意识地注意培养学生的一般能力和三个数学基本能力，要把能力的培养落到实处，要充分认识到：能力是稳定的心理特征，一旦具备，在任何工作中都可以表现出来，在某种意义上说，能力比知识更重要。当然，基本能力不是一成不变的，它由时代的需要而决定，在实践中，应当不断地吐故纳新，淘汰过时的技能和能力，充实新的技能和能力，以适应新时代变化的需要。

二、合理分析数学的思维过程

数学从它诞生那天起，就与思维结下了不解之缘，数学的存在与发展都要依靠思维，都要通过思维来表现，反过来，数学又是思维的工具，精湛的思维艺术常常要借助数学显示其美感和力量。数学教学从本质上来说，就是数学思维活动的教学。在教学的每一步，不估计学生思维的水平、思维的发展、概念的形成和掌握教材的质量，就不可能进行有效的教学。从这个意义上来讲，在教学中准确分析数学的思维过程，对于学生掌握基础知识，培养能力是十分重要的。

（一）准确阐明概念的形成过程

数学概念是数学科学知识体系的基础，是中职数学基础知识的核心，是数学思维的细胞，是培养数学能力的根基之一，因此，在教学中准确阐明概念的形成过程，无论是提高教学质量、实现教学目标，还是发展学生思维、培养能力均是关键的一步。心理学研究表明：掌握知识的一般途径是感知、理解、巩固和应用。

学习和掌握概念同样应经历这几个阶段，因此，在数学概念的教学中，教师应注重以下几个阶段的准确阐明：概念的引入（感知、表象、形成概念）、概念的明确（理解、掌握概念）、概念的应用（巩固、应用概念）。

（二）准确有效地阐明命题的教学过程

数学命题把概念联系起来，形成完整的数学学科，学生不掌握数学命题，就不可能通晓数学的结构，就不可能学好数学。有效的数学命题教学，有助于学生牢固地掌握数学知识的结构，有助于解决问题能力的提高，有助于数学思维的发展，因此，准确、有效地阐明数学命题的教学过程是十分重要的。

（三）准确阐明解题思路

数学作为一门科学，它的各种理论，无不是数学问题解决的结果，数学真正的组成部分应该是问题和解，解题才是数学的心脏。数学解题的教学，是数学教学的组成部分，也是实现数学教学目的的重要手段。因此，在数学教学中，准确阐明解题思路，对于提高教学质量、实现教学目标、培养学生学习数学的思维能力有着重大作用。

我们知道，数学教学过程中的解题教学具有双重意义，即逻辑意义（使学生信服）和心理意义（使学生理解）。在解题教学过程中，我们既希望学生"信服"，更希望学生"理解"。对此，可用一句简明的话来表达：在中职数学解题教学中，既要讲这道题"应该这样做"，更要讲这道题"为什么要这样做"。"应该这样做"指教师采用综合叙述方法，基本上按教科书的解题、证题的顺序，从题目条件开始，一步一步地准确推理，一次一次地精确计算，从而达到寻求结论的目的。也就是说教师利用逻辑的力量，迫使学生信服了，如果教学仅止于此，大多数学生学会的也只能是模仿，当然，使学生信服且能模仿，在数学教学中是重要的，但却是不够的，教科书对例题的求解一般是直接给出的，而这些巧妙的方法是怎样想出来的？多数学生往往难以掌握。因此，只讲"应该这样做"是不够的。"为什么要这样做"，指该种解题方法是怎样"想"出来的，即产生这一解题过程的思维方法是什么。教学时应当把这一思维过程揭示出来，暴露出来，也就是教师用数学思维的力量使学生达到理解，这样有利于学生学会探索数学问题的思维方法，培养探索、思考的能力。

第三节　注重数学思想和数学方法的培养

一、关注数学思想和方法的必要性

掌握基本数学思想和方法可以使得数学更容易理解和更容易记忆，更重要的是领会基本数学思想和方法是通向迁移大道的"光明之路"，不但让学生学习特定的事物，而且让学生学习一般模式，模式的习得有助于理解可能遇到的其他类似事物。如果把基本数学思想和方法概括地学好了，在基本数学思想和方法的指导下运用数学方法驾驭数学知识，就能培养学生的数学概括能力，不但使数学学习变得容易，而且有利于其他学科的学习。按照布鲁纳的观点，数学教学不是就知识论知识，而是要使学生掌握数学最根本的东西，用数学思想和方法统摄具体知识、具体解决问题的方法，逐渐形成和发展数学能力。数学思想和方法是我国数学基础教育的一个组成部分，在中职数学教学中，加强数学思想和方法的教学，是培养学生能力的需要，是义务教育的需要。然而，在当前的数学教学中，有的教师在制定教学目标时对数学基础知识、基本技能的教学要求比较明确，忽视数学思想和方法的教学要求；在教学过程中，往往注重知识的结论，削弱知识形成过程中数学思想和方法的训练；在知识运用过程中，又偏重就题论题，忽视数学思想和方法的提炼；在课堂小结或阶段复习时，注重知识的系统整理，忽视数学思想和方法的归纳和概括等。因此，加强数学思想和方法的教学，教师首先要更新教学观念，提高对数学思想和方法的理解和认识，增强主动性和自觉性。中职数学中，数学思想和方法主要是指，解题方法和解题模式适用很广的一些"通法"，以及数学观念。具体地说，例如代数中的消元法、韦达法、判别法、公式法、非负数法、放缩法、配方法、换元法、待定系数法、降次法、分类讨论法、分组分解、一般化、特殊化、参数法、反证法、同一法、分析法、综合法、类比法等，几何中的平移、旋转、对称、相似、辅助线、面积法、体积法、割补法、三角奠基法等，还有推理意识、整体意识、数学美的意识等数学观念。

二、数学思想和方法的加强

（一）发掘教材中有利的数学思想和方法，有意识地反复渗透

为了使学生掌握重要的数学思想和方法，现行中职数学教科书为我们提供了大量的素材，但教科书不可能对数学思想和方法做系统的介绍（否则会干扰教科书介绍数学基础知识、技能，培养能力的系统性），因此，在数学教学过程中，一方面要对教材中出现的数学思想方法进行概括并把名称直接告诉给学生，起到以名称为核心，逐步形成和加强的作用；另一方面要对这些概括出来的数学思想方法反复地进行渗透，当然在渗透的过程中应结合学生的实际水平、教材的特点，适时地提出。由于数学思想和方法既具有知识结构的特征，又具有认识结构的特征，因此，在数学教学过程中要早期渗透，这样才能使学生对数学思想和方法形成一个良好的认知结构。

（二）重视教学中数学思想和方法在应用时的指导作用与渗透

数学思想和方法一方面指导着我们在教学过程中怎样建立概念、归纳法则、探索解题；另一方面为了提高学生对数学思想方法的认识，在建立概念、归纳法则、探索解题的过程中应主动向学生渗透数学思想和方法。

三、加强学生的思想品德教育

（一）进行爱国主义教育，树立学生的远大理想

一个有理想、有道德、有文化、有纪律的公民必须具备爱国主义思想和民族自尊心。数学教学应当，而且必须在这方面承担应有的教育任务。事实上，结合数学教学，有计划、有目的地向学生介绍一些与数学内容有关的数学史和我国现代化建设中有关数学研究、数学应用的伟大成就，是进行爱国主义教育的极好素材，具体地说来在教学中我们应注意以下两方面：

1. 通过数学史料树立学生的民族自豪感

我国是初等数学最主要的发源地，从公元前 3 世纪到 16 世纪左右，我国在

数学研究方面始终居于世界先进行列，因此，在课堂上充分宣传中国数学家在数学方面的伟大成就，会增加学生的民族自豪感。比如说我国最先使用了负数，勾股定理在我国也出现得最早等。

2. 围绕教学目的教学，树立学生的远大理想

在整个数学教学过程中，都需要不断地阐明数学及其思想方法的重要性。比如，结合具体数学内容阐明其应用的普遍性，介绍在当今社会主义建设和发展中的作用与地位，激发学生学好数学为四化建设服务的责任感；结合介绍数学基础理论、方法及其应用在我国建设中无限美好的前景，进行社会主义方向、前途和个人远大理想的教育等。

数学思维是科学思维的核心，掌握数学基础知识和基本的数学思想方法，应该是人类精神文明的一项基本要求，更应该是当代社会公民的必备素质，因此，只有在数学教育中反复强调数学思维方法的重要性，启发学生努力强化自己的科学文化素质，适应社会发展、科技进步的需要，引导学生将树立远大志向和实现共产主义的宏伟目标联系起来，激发他们发愤图强、天天向上才能让教学目的全面实现。目前，国际上已经普遍认识到，升学、职业等刺激已不足以成为学好数学的动力。我们认为崇高的革命理想和对社会发展的高度责任感，不仅是青年应当具备的思想品质，也是学好数学的真正保证。

（二）培养学生的辩证唯物主义观点

辩证唯物主义是认识世界和改造世界的有力武器，辩证唯物论的思想方法也是学好数学所必需的。数学是辩证的辅助工具和表现方式，这就意味着辩证法是数学思想所固有的，学习数学最有利于培养辩证观点，这是数学教学重要的教学目的。由于数学中蕴含着极为丰富的辩证唯物主义因素，因此，中职数学教学的任务在于以唯物论为依据，通过对数学的发生、发展以及对数学思维的辩证特征的认识，把辩证唯物主义的思想方法揭示出来，使学生在学习数学的过程中获得这些观点，促进他们形成辩证唯物主义的世界观。

教学中我们应不失时机地对学生进行辩证唯物主义的教育，具体讲有如下几方面内容：

第一，对立统一观点。例如，正和负、质数和合数、有理数和无理数、常量

和变量等，都是一个统一体的两个对立面。

第二，事物相互联系和相互影响的观点。例如，加法与减法、正数与负数等概念都是相互依存、相互联系的，没有前者就没有后者，但两者又各不相同。又例如，中职数学中，数与形也以坐标系的建立为桥梁，紧密联系着，互为因果。

第三，运动与变化的观点。中职数学中的轨迹、几何变换、函数等概念，都反映了运动变化的观点，而且都表明了运动与变化作为数学思想方法的重要性。在数学的某些概念的转变过程中，常常可以反映出由量变到质变的过程，例如，由锐角到直角、由割线到切线、由相交线到平行线、由圆内接（或外切）多边形面积到圆的面积等，都可以体现这一规律。

第四，抓主要矛盾的观点。这主要体现在一系列的重要数学思想方法上，例如，转化、换元化归等。运用它们的要点，抓主要矛盾，进行辩证分析，分析不同内容或问题的联系、共性，以及相同问题的各自个性（差异性）。

基于上面的分析，在中职数学教学中进行辩证唯物主义教育，一方面要求通过数学知识的讲授，体现出辩证唯物主义的思想和方法；另一方面还要求通过基本技能的训练，对解题过程进行辩证的分析，教会学生运用这些观点真正掌握数学思想方法，提高数学能力。

（三）培养学生良好的个性品质

良好的个性品质是每个社会公民必备的素质，我国教学大纲中，对良好的个性品质已做了具体的解释，主要是指：正确的学习目的、浓厚的学习兴趣、顽强的毅力；实事求是的科学态度；独立思考、勇于创新的精神和良好的学习习惯。在中职数学教学中，学生的这些个性品质的非智力因素，也是学生学习数学内驱力的巨大源泉，是促进基础知识学习，能力培养的强大动力。

学生的自信心、学习的毅力，因受到鼓励得以增强时，他们的发展便会加快，说明了学生的内驱力与学习成绩的关系。

因此，我们在数学教学中不但应该，而且必须在培养个性品质上提出要求，在某种意义上讲，这一任务比起传授知识、提高能力，更为迫切，更为重要。

1. 培养学生刻苦的精神、顽强的毅力

数学学习是要花费很大气力的，当学生在学习中遇到主观和客观两方面困难时就要靠刻苦的精神和顽强的毅力才能克服，这种精神和力量主要来源于浓厚的学习兴趣和正确的学习目的。兴趣使人产生稳定而持久的注意，正是由于这一点，兴趣能激发学生积极思维，促发想象力，能使学生清晰地感知新知识，产生愉快的情绪调查表明，学生对数学学习的兴趣与学生的学习成绩是成正比关系的，因此，国内外都十分重视对培养学生学习兴趣的研究。

在中职数学教学中，对于培养学生的学习兴趣，我们提出以下建议：

（1）创设问题情境

所谓问题情境，是指学生迫切希望获得解答的关于教学内容的疑问情境，这种疑问主要表现为学生原有认知结构与新知识之间的矛盾和冲突，这些矛盾与冲突导致原有认知结构的丰富发展。教学中为了引起学生兴趣，可从以下几方面设置问题情境：①设"疑"。学起于思，思源于疑，学贵知疑，小疑则小进，大疑则大进，疑能使学生心理上感到困惑，产生认知冲突，进而拨动其思维之弦，激起其兴趣。②精问。一个恰当、耐人寻味的问题可激起学生思维的浪花，因此，教学中适当地选择、安排、提出好的问题能凝聚学生的注意力，唤起好胜心和创造力。精练地、创造性地提出问题是创设兴趣情境的有效方法。③制错。学生解题时往往错误地运用基本概念、性质，或错误地进行推理，得出一些错误结论。为了引起学生的注意，教学时有意搜集或编制一些学生易犯而又意识不到的错误结论，找出致误原因，可助其克服思维定势，深化思维，提高兴趣。④创难。难题对学生来说方向明确，目标也较具体。创难可在某堂课或某段知识前抛出，使学生看到所学知识的最高点，经常保持一种学习的未完成感。⑤求变。求变就是在教学中对典型的问题进行有目的、多角度、多层次的演变，诸如变换命题的题设、结论，条件与结论互换等。使学生始终感到问题"新""奇""巧"，变幻莫测。⑥留尾。留尾指在每节课（或每段知识）结束时，设法在学生心里留上点"余味"，为后继学习涂上点"神秘色彩"，使学生产生一种向往感。

教学法一旦触及学生的情境和意志领域，触及学生的精神需要，这种教学法就能发挥高度有效的作用。在数学教学中，适时地、经常地创设问题情境，将会使教学过程成为一种学生渴望不断探索真理、带有情感色彩的意向活动。这种教学才具有魅力，能激起学生学习数学的兴趣。

（2）为学生创设成功情境

学生克服一定困难而获得成功时，便能体验到成功的喜悦，从而增强对学习数学的兴趣，教师可根据教学的实际情况，有意识地为学生创造一些成功的情境。例如，课堂练习题的编排保持一定的梯度，使学生不致因梯度太大而无从着手。如果让学生在黑板上做题，可将难易程度不同的习题分配给成绩不同的学生，使他们都可以在克服一定的困难后获得相应的成功。课堂提问也应如此安排。要鼓励学生的进步，即使学生只有微小的进步也应予以表扬和鼓励，使学生获得的成功得到承认，喜悦的情绪得以加强。事实上，我们的一些数学课堂里，也是批评太多，表扬太少，当然，批评有时也能起一定的作用，但使用时应当特别慎重，批评不当容易伤害学生的自尊心。一个丧失自尊心的学生是极难教育的。有时，学生回答问题或板演产生错误，但仍有个别部分是正确的，教师在纠正其余错误时，也应充分肯定其正确的一面。

（3）及时排除学生的学习困难

有一些学生对数学不感兴趣，是由于他们学不懂或碰到的困难长期无法解决，这样又反过来影响了他们学习数学的兴趣，并产生无兴趣与学不懂之间的恶性循环，因此，及时排除他们的学习困难就显得十分必要了。

2. 培养学生实事求是的科学态度

我们知道，数学具有逻辑严密的特点，利用这个特点在教学中有利于培养学生言之有据、一丝不苟、坚持真理、修正错误的实事求是的科学态度。数学离不开推理，通过数学教学可以养成学生说理的习惯，结合数学科学理论抽象的特点，通过数学命题概念的形成和发展过程，使学生形成从本质上看问题，善于有意识地区分主次因素，抓住本质的主要矛盾，解决问题的思想方法；充分利用数学学科广泛的应用性的特点，使学生在应用中形成推理意识，培养追求真理、实事求是的精神以及严肃认真的科学态度和作风。同时，在教学中，提倡对不同问题的讨论和争论，维持良好的学习秩序，督促学生独立地按时完成作业等。

3. 培养学生积极主动、独立思考、勇于创新的精神

在数学教学中我们要充分利用数学中的一些特点培养学生积极主动、独立思考、勇于创新的精神。例如：一个数学问题的解决，往往有多种解决途径，除让

学生掌握成法之外，应当特别鼓励学生独立思考，标新立异，另辟蹊径，不墨守成规，问题解决之后还可以通过深化、减弱条件，加强结论，推广、特殊化、类比等引出或转化成另外的问题。又如：教师不能允许学生有抄袭作业的行为，作业必须独立完成；教育学生对科学的热情，对从事创造性劳动的爱好等。

（四）美育

美育任务不仅是美术课承担的，中职数学教学中也包含着丰富而深刻的美育内容，通过数学教学对学生进行美育也是数学教师义不容辞的任务。数学的本质是美的，数学中的美那就是各个部分之间的和谐、对称、恰到好处的平衡，一句话就是秩序井然、统一协调。事实上，数学发明创造的实质也是对这种数学内在美的深刻认识。中职数学是数学科学的基础知识，虽然不能完全反映数学本质的全部美，但对数学内在美的一些主要特征仍表现得相当充分。通过中职数学教学，充分揭示数学美，将是对学生进行美育，从而陶冶情操、锻炼性格、提高素质的重要手段。在中职数学中，数学美主要体现在以下几方面：

1. 协调美

协调美本意是指整体的部分与部分之间、部分与整体之间或两个不同整体之间可以引起直观快感的比例构成关系，是支配视觉空间关系的原理，主要适用于造型艺术，但是在类比的意义上，它也适用于数学。数学的纯理论本质是纯数学，技术应用方面是应用数学。纯数学是基础科学，应用数学实质是技术科学与应用科学。纯数学与实际应用之间通过应用数学构成关系，呈现出一种协调美。例如，在纯数学中作为数量关系研究的是代数学与分析学，作为空间形式的是几何学，二者之间通过解析几何而协调呈现某种协调美。

2. 简洁美

美在本质上终究是简单化。简洁给人以美感，数学的简洁主要表现在数学符号、数学技巧乃至逻辑方法上。例如，数学符号以简洁的外形表示其丰富的内涵，给人以美的享受。

3. 对称美

一切立体图形中最美的是球形，一切平面图形中最美的是圆形。其原因可能主要是基于球形、圆形体现了现实空间的对称性、均匀性。在中职数学中到处都可以找到这种对称美，在几何图形中，有平行四边形的点对称图、等腰三角形的线对称图等。在代数中，实数 a 与-a 称互为相反数等，也体现了类似几何中点对称的对称美。

4. 统一美

数学科学是一个不可分割的有机整体，它的生命力正是在于各个部分之间的联系。尽管数学知识千差万别，我们仍然清楚地意识到：在作为整体的数学中，使用着相同的逻辑工具，存在着概念的亲缘关系，同时，在它的不同部分之间，也有着大量相似之处。我们还注意到，数学理论越是向前发展，它的结构就会变得更加协调一致，并且，这门科学一向相互隔绝的分支之间也会显露出原先意想不到的关系。数学有机的统一，是这门科学固有的特点，因为它是一切精确自然科学知识的基础。数学的统一美，是数学最本质的特征，也是数学发展追求的目标，在中职数学中，数学的统一美不能反映得如此深刻、如此广泛，但深入研究教学内容，还是可以找到例证的。例如：对于数概念的认识就是一个逐步统一的过程，小学里学习了自然数、零、分数（小数），可以统一为非负整数；以后又随着无理数的引进，连同有理数又统称为实数。

第四节　中职数学教学中的常见教学方法

一、教学方法的定义

一般地说，教学方法是为了完成教学任务、达到教学目标所采用的教与学的方式和手段的一套完整体系，它包括教师的工作方式、学生的学习活动方式，是教师引导学生掌握知识、技能，获得身心发展而共同活动的方式体系。以上对教学方法的不同提法中，不难看出基本点是一致的，其共同点体现在：教学方法应包括教与学的双边活动方式及其相互结合，教学方法是为教学任务和教学目的服务的，教学方法包括各种各样的具体方式和手段。

二、教学方法的特征

根据对教学方法的理解，结合中职数学教学过程的具体特点，中职数学教学方法应具备以下特征：

第一，中职数学教学方法是师生双边活动的方法。在教学中，学生是主体，教师起主导作用。教师要通过为学生创设学习情境，恰当地组织与引导学生进行独立的学习活动，从而调控学生的学习进程、学习目标、学习方法、学习兴趣和学习效果等，使学生能够获得知识技能，促进学生发展能力；学生学习活动开展的情况和效果，又直接影响着教师的教学设计和教学活动的组织与实施。

第二，中职数学教学方法是为了达到教学大纲中明确规定的教学目标、完成教学任务而设计的。教学方法作为手段，是为实现教学目的、完成教学任务服务的。因此，在中职数学教学中，教学方法应围绕教学目的，教学方法的优劣应该由教学目的达到的水平和教学效果的好坏来衡量。单纯追求教学方法的花样翻新是没有意义的。

第三，中职数学教学方法的具体方式是多样的。受教学任务的复杂性、学生个性心理的差异性、班级授课形式的局限性等因素的制约，决定了教学方法的综合性。在教学中，不可能运用单一的教学方式、方法对所有教学内容、所有的学生班级去组织教与学活动，只有有目的、有计划地选择多种方式，灵活变通，综合运用，形成有效的教学风格，才能获得数学教学的成功。

教学方法和教学方式是两个不同的概念。教学方式是教学方法的细节，教学方法是由许多教学方式组成的。例如讲解是一种教学方法，在讲解时，教师可以叙述、描绘某个事件，也可以给学生解释或论证某个原理，讲授过程中还可以采用提问、讨论、做练习等多种形式，这里的叙述、描绘、解释、论证、提问、练习等都是讲授这种方法的一些教学方式。教学方法和教学法也不能混为一谈。教学法的含义比教学方法要广泛得多。教学法研究的对象，包括整个教学工作的理论和实践，所有关于教学过程、教学原则、教学内容、教学方法以及教学的组织形式等问题，都是教学法研究的对象，所以教学法包括了教学方法这个概念。

教学方法是整个教学过程中与学生联系最直接的一个环节，它对于教学工作的成败有重要的作用。教学工作既需要科学性又需要艺术性，就是说，它并不是轻而易举、照本宣科，而是结合学生实际的一种再创造，是一种艰苦的劳动。同样一本教材，让具有同样知识的两个教师讲，由于教学方法的不同，其教学效果往往产生极大的差异。科学地运用教学方法，其实质就是用最短的时间，最大限度地发挥学生的智慧，达到教学的高效率、高质量。教师应该根据学科的特点、学生在不同阶段的具体学习任务和要求、知识本身的主次和难易以及学生的个别差异等情况，针对所有要解决的矛盾的特殊性，选择和运用有效的教学方法。因此，在教学方法的选择上应具体问题具体对待，不搞形式主义，不搞千篇一律。

三、常见的中职数学教学方法

（一）启发式教学法

启发式教学法，是教师遵循认识规律，从学生的实际出发，在充分发挥主导作用的前提下，善于激发学生的求知欲和学习兴趣，引导学生积极开展思维活动，主动获得知识的一种教学方法。它是中职数学教学中最重要、最基本也是应用最广泛的一种教学方法。

启发式教学不是某一种具体的教学方法，因为一种具体的教学方法是由一套固定的教学格式或若干具体的教学环节来体现的，而启发式教学法并没有固定的教学格式和环节。在上课伊始让学生带着问题探究是启发，在课堂结束时留给学生一些悬念和问题让其实践或讨论发现问题、思考问题也是启发。启发式教学可以由一问一答、一讲一练的形式来体现；也可以通过教师的生动讲述使学生产生联想，留下深刻印象而实现。所以说，启发性是一种对各种教学方法和教学活动都具有指导意义的教学思想。启发式教学法就是贯彻启发性教学思想的教学法。也就是说，在数学教学中不论采取何种方法，都应该注意贯彻启发式教学法的精神。

启发式教学认为学生是学习的主体，而教师的主要任务在于引导学生发现问题、思考问题、解决问题。学生在课堂上始终是主动的、积极的、能动的，学习上特别强调理解、运用、发挥、创造，并通过学习活动使学生的智力和非智力因素都得到发展。据此，启发式教学法的本质特征主要体现在以四个方面：一是在教学观上，确立学生的主体地位。课堂教学不是教师教学生学，而是通过教师启发、诱导，主要依靠学习者自身的活动来实现教学目标。师生共同活动，民主相处，教学相长。二是在教学过程中，强调学生的能动作用。学生不是消极地接受知识，而要靠自己动手、动口、动脑来获得活的知识，增加创造能力。三是在教学手段上，通过创造良好的学习氛围来激发学习者的学习热情和内在潜能，不断提高教学效果和学生能力。四是在教学目标上，重视学生的全面发展。视知识与能力并重、学习与创造并重、智力因素与非智力因素并重，把学生培养成全方位发展的有创造力的人才。

启发式教学法的基本内容为：①"教为主导"和"学为主体"。启发式教学，它是在教师指导下，充分调动学生的学习积极性，师生一起共同完成教师事先精心设计的教学活动。②主要活动。启发式教学不是简单地向学生"灌注"的过程，它要经过一系列的课堂教学环节的活动才能完成。主要有如下一些教学活动——教师启发：目的教育、方法指导、设疑启发、实验启发。学生摸索：预习自学、阅读教材、设疑提问、自做实验。整理提高：学生作业、实验设计、整理分类、知识小结。发展深化：复习深化、自我检查、笔试口试、综合运用。③读、议、讲、练、做相结合的教学方式。教师应开动脑筋，根据教材内容、教学实际情况，在注意调动学生积极性的前提下，设计好每堂课的教学活动，在教学时，读（书）、议（论）、讲（解）、练（习）、做（实验）五个方面有机结合。④注重自学能力的培养。启发式教学的主要特点，是强调以自学为主，学生在教师主导作用下，通过自学主动地学习掌握知识。

（二）讲解法

讲解法是教师通过语言系统连贯地向学生传授知识的方法。这也是一种最基本的教学方法，其应用广泛，是各种教学方式的基础。许多知识只有通过教师的讲授，学生才能比较透彻地理解与掌握。通过讲授，学生不仅可以学到知识本身，还可以潜移默化地学到教师观察问题、分析问题和解决问题的方法，提高思维能力。

1. 讲解法的要点和要求

（1）讲解法的要点

①教师对教学内容做系统概括、精辟生动的讲解。在讲解中突出重点、启发

思维、演示解题技巧，向学生提出问题等。

②教师在讲解过程中对每一概念、原理、定律的概括解释和论证，必须在学生能够理解的基础上进行。充分运用分析与综合、归纳与演绎、类比与比较，以及直观因素等手段向学生阐明、论证教学内容，使学生既获得"双基"知识，又培养能力，发展智力。

③学生集中注意力倾听教师讲解，适当做笔记，并认真思考教师在讲解中提出的各种问题或演练指定的习题，亦可向教师提出有关问题。讲解法对学生的基本要求是：应具有一定的理解力，能够保持较长时间注意力的集中，具有一定的随堂笔记能力，能跟上教学中的演练进度。

（2）讲解法对教师的基本要求

①科学性。运用讲解法进行教学时，一定要保证讲解内容的科学性。讲概念要清楚、准确，必须使学生明确概念的本质特征，掌握概念的内涵，正确认识概念的外延；讲命题证明时，推理要合逻辑，并要着重讲述证题的思路和方法。总之，对讲解的内容要做到准确无误。

②启发性。运用讲解法要贯彻启发性原则。对讲解的内容要进行恰当的设计和安排，通过设疑和释疑达到传授知识的目的。教师提出的问题应是讲授知识中关键性的问题，难度要适度，要揭示出学生认识上的矛盾，要能引起学生的思索，努力做到"不愤不启，不悱不发"。

③系统性。就是既要讲究教学内容的逻辑系统，还要遵循学生的认识程序。就是说，讲解的内容要主题明确、重点突出、层次分明，既符合逻辑系统，又符合认识规律。

④针对性。运用讲解法目的不是讲知识，而是教学生。所以讲解一定要有针对性，有的放矢。学生易懂之处不必多讲，难懂之处应详细讲解；要注意学生的反应，如果发现多数学生对某个问题没有听懂，就要把这个问题从另一个角度再讲一遍，有个别学生不用心，也要注意提醒，使大多数学生都能够参与学习，得到发展。

⑤深刻性。对关键性的重点内容力求讲深、讲透，使学生深刻理解。不仅要讲清逻辑，特别要讲清学生不易发现的教学内容后面的数学思想、数学方法和来龙去脉。

⑥艺术性。就是要善于运用通俗易懂、生动形象、引人入胜的语言，简明扼要、条理清楚、重点突出的板书，准确地表达出教学内容，并力求板书与讲解同步进行，合理配合使用直观教具和现代教育技术的辅助，保证教学活动和谐、连贯地顺利进行。

2. 讲解法的优缺点

（1）讲解法的优点

①教师可以充分发挥主导作用，能在较短的时间内系统地、有论据地讲述新的内容。

②使整个讲述过程形成一个完整的推理系统，从而使学生获得科学的、系统的数学知识，同时又学到分析推理的思维方法。

（2）讲解法的缺点

①运用讲解法教学时，学生只须专心听讲，随着教师的讲解去理解教材，而较少独立思考，它不利于培养学生思维活动的独立性、灵活性和创造性。

②难以及时反馈，容易造成教与学的分离，难以贯彻因材施教的原则。

应当注意，由于运用讲解法教学对学生的理解力和注意力水平都有较高要求，因而，这种教学方法多用于较高年级的教学；对于低年级的学生，在教学中就要从实际出发，适当控制讲解时间，配合其他教学方法。另外，在讲解时既要注意培养学生的学习动机和兴趣，启发学生积极思维，又要讲解与练习相结合，边讲边练，教学效果就会更好些。

（三）谈话法

谈话法是由教师提出设计好的若干相关问题，在师生对话、问答的过程中，用谈话的方式启发引导学生积极思考、探索，从而获得知识的一种教学方法。

1. 谈话法的要点和要求

（1）谈话法的要点

①谈话法是通过教师与学生的对话来进行教学。不仅教师讲，而且也要学生讲；不仅教师推理，学生也要积极思考。

②教师在透彻理解教材、掌握教材重点、难点和关键的基础上，充分估计教

学进程中可能出现的各种情况，把教材内容编成若干个有内在联系的问题，在课堂上逐一提出来，指定不同的学生回答问题，使问题逐渐引申，逐步完成教学任务。

（2）谈话法对学生的基本要求

①要积极参与教学活动。

②要主动思考和积极应答。

③要敢于发现，勇于坚持真理，修正错误。

（3）谈话法对教师的基本要求

①要精心设计谈话的"问题系统"。在吃透教材、摸准学生水平的基础上，根据教学内容的特点和重点、围绕教学目的实现，设计出一系列有内在联系的问题；要求问题明确、简练、逻辑性强，问题之间彼此衔接，向着总的教学目标和要求步步深入；问题能激发学生的兴趣，吸引学生注意、促进学生积极思维；问题既有思考价值，又不超越或落后于学生的水平。

②要善于应变，及时排除障碍。在运用谈话法教学时，学生的回答很可能不尽如人意，甚至出乎意料，教师就要善于应变，及时排除故障，确保教学的正常进行。这就要求教师在备课时充分做出估计，对可能出现的问题要有备用对策；同时，对课堂出现的意外情况，要冷静思考，及时作出正确判断，并给予耐心的解释；实在无法解决的，也应实事求是地向学生说明，留待课后解决，以便课堂教学的正常进行。

③要善于引导探讨、启发发现。在教学中运用谈话法时，教师应当把提出的问题看作是引导、启发学生去探讨、发现的工具，要循循善诱，倡导学生积极答问和发问，允许学生答错或答偏，教师要从中引导、教育学生吸取教训、总结经验；在学生的回答中，教师不宜过多去打扰，应顺其思路发展，使学生能在成功或失败中都得到收益，逐步学会探索和发现。

④要面向全体学生，因材施教。在谈话中要面向全体学生提出问题，并给他们一定的思考时间，这样全体学生都能处于积极思维的参与状态；要鼓励学生主动回答问题，指定学生回答问题时，要因人因题而异；要适当照顾学习程度不同的学生，特别是对基础较差的学生要以鼓励为主，以增加其学习信心，提高其学习成绩。

⑤要恰当掌握时间，防止形式主义。谈话法教学课堂气氛活跃，但时间不易控制。因此，要求教师既要恰当掌握提出问题的难易水平，避免"是不是，对不对"等让全班齐声回答的形式主义问题；也要避免问题过难，不经学生思考而由教师"包办代答"的形式主义。

⑥要注意小结。谈话结束时，教师应对讨论的问题进行小结，把谈话的内容系统化，明确新学知识的结论，并对讨论情况做出评价，鼓励学生多发言。

2. 谈话法的优缺点

（1）谈话法的优点

①突出课堂教学中的双边活动，教学气氛活跃，易于提高学生的注意力，调动学生思维的积极性，对培养学生分析问题、解决问题的能力以及发展语言的表达能力都有较大的好处。

②有足够多的机会让学生陈述己见，便于教师及时了解学生的智力活动、反应速度和理解程度。

③有利于学生了解问题的来龙去脉和掌握教师的思路，对于学习中的疑点和难点也易于发现与解决。

④由于谈话法在信息传递上是双向传递，因此有利于消除学习上的障碍，避免学习上的形式主义偏向，学生能及时得到教师的指点，容易在大脑中留下深刻的印象，利于知识的巩固和记忆强化。

（2）谈话法的缺点

教学进程中由于教师要用灵活变通的技巧，因势利导，排除故障，确保教学主题和重点内容的教学，因此，教学时间不易掌握，往往会影响教学任务的完成。

谈话法宜在传授知识，总结、复习、检查已学过知识或作业时采用，尤其适用于低年级及高年级关于基本概念和计算法则等内容的教学。目前有不少教师在运用谈话法时引导学生质疑问难，给学生提供思索材料和思维方法，进行启发、组织讨论，打破了谈话法都是教师提问、学生回答的固定程序，值得提倡。

（四）发现法

发现法是指依据教师或教材所提供的材料和问题，通过学生自己积极主动的思维活动，亲自去探索和发现教学的概念、定理、公式、解题方法等的一种教学方法。教学方法要认真考虑的一个事实是一门课程不但要反映知识本身的性质，而且要反映求知者获得知识的过程。

过去教学方法的理论是强调给学生某种刺激，使学生做出某种反应，在刺激与反应之间形成联结，通过不断的练习来强化这种联系。这种学习不需要较高级的心理活动过程，它不断重复旧的，而不是去发现创造新的东西。发现法则要求应付新的问题，发现新的东西，它需要运用分析、综合、归纳、演绎等较高级的心理活动过程。

1. 发现法的一般步骤和要求

（1）发现法的一般步骤

运用发现法进行教学具有很大的灵活性，没有固定不变的模式可以套用。但通常可以按下述一般步骤进行：

①创设问题情境，激发学生学习的积极性和主动性。这是明确发现的目标和中心，唤起学生注意、激起学生探求的愿望和学习兴趣的过程。通常是由教师提出问题、介绍有关资料和现象，或由学生通过观察实验、演算、阅读教材等方式进行。

②推测问题结论，探讨问题的解法。这是在尽可能具有发现依据的基础上，调控思维方向，发现、推测结论的过程。通常是在教师的启发下，学生积极思考，对照材料、回忆有关知识和方法，进行分析、综合，并展开不同观点的讨论，直到发现结论、探索到解决问题的途径和方法。

③完善问题的解答，总结思路方法。这是整理、完善和评价发现成果，强化学习动机的过程。通常可由教师，或在教师的启发、点拨和帮助下由学生对整个发现、解决问题的过程进行整理小结，评价不同方法、途径，总结思路方法。这样可以使学生巩固知识，得到发现后的满足，从而既掌握了知识技能、基本的数学思想和方法，又强化了内在的学习动机。

④必要时，进行知识综合，充实和改善学生的认知结构。这是在解决问题后，引导学生再与已有知识综合成一个完整的知识体系，使原有的认知结构更加充实、得到改善。

（2）发现法的要求

发现法的实质是学生活动为主，亲自参与发现学习。而教师的主导作用主要体现在创设问题情境、组织引导、激发动机的过程中。因此，运用发现法进行教学的基本要求是：

①教师要发挥主导作用，选择恰当的课题创设情境，组织引导学生有系统、有目的地发现、讨论。

②学生要占据主体地位，积极主动地参与发现过程，并充分运用观察、试验、分析、比较、综合、概括等方法，积极提出猜疑，进行论证。

③教师要突出强调发现问题、提出问题的重要思维环节，逐步使学生能独立地发现和提出问题。

④发现中要引导学生注意掌握知识的系统和学科的基本结构，突出强调数学的基本思想和基本方法。

2. 发现法的主要优缺点

（1）发现法的主要优点

①有利于发展学生的智力。②有利于激发学生的兴趣，产生学习的内部动机。③有利于培养学生发现问题、解决问题的探索方法和能力。④有利于知识的记忆。

（2）发现法的主要缺点

①花费时间长。②不利于学生掌握系统的知识，不利于学生加强基本技能的训练。③缺乏经验的教师难以随机应变解决学生所发现的问题，难以控制教学时间。

在数学教学中，教师恰当地运用发现法，会起到提高教学质量的作用。但由于费时、难于控制，运用时要做充分准备，不可能也没有必要事事都要学生自己去发现。运用发现法的目的，在于启发学生的求知欲，学习到发现、探索问题的一般方法，养成探索和研究的习惯。

（五）程序教学法

程序教学法是指让学生按照一定程序独立获取知识的一种教学方法。程序教学法的理论基础是斯金纳的新行为主义操作条件反射学说和强化理论。这种理论把人类学习活动视为一种有序的行为过程，通过有序地选择教学信息，把教学活动按一定程序有步骤地进行强化，从而有效地控制学习过程，提高教学效率。程序教学法由程序编制者根据学习者学习过程发展的特点，把教材分解为许多小的项目，按一定的顺序加以排列，供学习者学习。每一项目或以填空，或以选择，或以问答的方式提出问题（通过教学机器或程序教材呈现），要求学生做出构答反应或选择反应，然后给出正确答案以便核对。程序教学法强调每一个学生自学的重要性和独特性，主张教师要依照个别化的教学来行动和思考。一个好的程序，课程是按照合理的和累积的方式设计的，能最充分地利用教材的内在组织系统性。它使学生的学习循序渐进，并不断感受到成功的愉快，能以良好的情绪持续学习，这无疑在一定程度上是有效的。

1. 程序教学法的一般步骤和原则

把学习的内容分成小步骤的问题。由于严格控制了程序便能循序渐进地掌握材料，材料一步步地呈现，容易被理解。

学生做出积极的反应。必须使学生在读、写时经常处于积极状态。程序教学法使学生产生一个反应，然后给予强化和奖励，这样就巩固了一个反应，又促进了进一步反应。

对每一个反应即时反馈以获强化。当一个反应很快地得到教师的评价时，学习效果就会提高。奖赏正确答案，给学习者以信心，并有助于保持其信心。心理学上称之为强化。知道结果是程序教学法中最常用的强化公式。

自定步调。学习者可按自己的情况来确定掌握材料的速率。程序教学法以学习者为中心，鼓励每一个学生以学习者最适宜的速度进行学习，使他们有适合自身情况的思考时机。同时通过不断的强化，得到了稳步前进的诱因。

学习者的低错误率。这是以上三点共同作用的结果。少错误或无错误的学习不仅更为简单，同时还能提高学生学习的积极性，提高巩固率。

2. 程序教学法的优缺点

（1）程序教学法的优点

①有利于培养学生的自学能力和养成自学习惯。程序教学法使学生和教材直接发生联系，要求他们自己动脑、动手，独立去完成学习。内容安排由浅入深、循序渐进，掌握一个单元后再进入下一单元学习，加强了学习的责任心，易于形

成自学习惯和提高自学能力。

②有利于使不同程度的学生都能发挥其学习的积极性和提高学习的能力。程序教学法中，学生可以用适合于自己的能力和水平的速度进行学习，这样可以使不同程度的学生在学习中都能充分发挥积极性，学生可以完全掌握学习的主动权。

③可以减少学生的错误率。程序教学法可以根据学生学习中的错误提供补充教材，及时帮助学生纠错补漏，也可协助教师了解学生学习过程中的问题，更有效地进行教学。

④可以排除师资条件对教学的影响，保证教学质量的不断提高。

（2）程序教学法的缺点

程序教学过程呆板，缺乏灵活性，容易束缚学生的思维，不利于激发学生的创造性。

过分强调和夸大"程序"的作用，导致忽视教师的主导作用和班级学习中的交流促进作用，不利于学生的全面发展。

四、中职数学教学方法的选择

（一）教学方法的制约因素

受制于教育主体与教育客体的世界观状况。教师对教学过程中各种矛盾及其各种运动规律状态的理解，教学观念，教学思想，必然导致相应教学方法的确定与形成，因此，有效的科学教学方法，必须以教师的科学世界观和正确的教学观为基础。

受制于教学内容的逻辑要求。数学教学方法必须同具体的教学内容联系起来，适应于教学内容的逻辑要求，才能称为有效的科学教学方法。

受制于教育对应的心理和生理条件。适应学生的心理和生理发展水平的教学方法，才能称为有效的科学教学方法。

受制于社会生产水平和物质条件。现代化的教学方法需要一定水平的物质、技术保证。事实上，没有录音、录像、计算机、仪器设备等学习材料和学习环境，高效率的教学方法是不可能出现的。

（二）教学方法的选择特点

以发展学生的智力为出发点。现代教学方法不仅要服务于传授和掌握知识技能，而且应着眼于开发学生智力，发展学生能力。

以调动学生学习积极性和充分发挥教师主导作用相结合为基本特征，在启发性准则的指导下，使教学的全过程能够组织成为生动活泼的双边活动。

重视对学生的学习方法的研究。把培养学生的自学能力放在突出地位，使学生不仅"学会"，而且"会学"。

重视学生的情绪生活。特别注意培养学生树立正确的学习动机，使其具有浓厚的学习兴趣、顽强的学习意志，以及细心、认真的个性品格等。

对传统的教学方法适当继承、改造和发展，从而形成新的教学方法。

（三）教学方法的选择标准

教学方法是教学过程整体结构的有机组成部分，但它的存在和发展不是孤立的，一方面不同的教学方法之间有着各种联系，另一方面教学方法又与教学过程的其他结构有着本质的关联，因此，如何选择教学方法才能确保教学过程的有效和教学目的的实现呢？只有从教学过程的整体出发，进行最优的选择和运用教学方法的协调结合。一般地说，优选教学方法，应考虑以下标准：

教学方法应符合教学规律和教学原则。这样才能保证各教学方法的合理结合。

教学方法应符合教学目的和任务。这样的教学方法服务于教学目的，成为完成教学任务的有力工具。

教学方法应符合教学内容特点。这样才能使教师充分考虑教学内容特点以及掌握学生所必需的活动性质，更好地完成教学任务。

教学方法符合学生的发展水平。这样才能保证教师选择得当的、富有实效的教学方法。

教学方法符合教师的特长。这样可以在教学中充分发挥教师自己的才能和特长，形成有效的、有特色的教学风格。

教学方法应符合教学的经验性。这样可以确保按时完成教学进度。

（四）教学方法选择的原则

古今中外积累的教学方法是十分丰富的，随着教学改革的不断深入，又将会有许多新的、有效的教学方法产生。教学方法多种多样，其性能和特点不一而足。在实际教学时，教师能否正确选择教学方法，就成为影响教学质量的关键问题之一。实践证明，教师只有按照一定的科学依据，综合考虑教学的各种因素，选取适当的教学方法，并能合理地加以组合，才可能使教学效果达到最优化的境地；反之，如果毫无选择地使用教学方法或错误选用教学方法，都会给教学活动造成不利影响。要做到选择最优的教学方法，必须把握以下三项基本原则。

1. 总体把握原则

总体把握原则，是指在选择教学方法时，要从教学内容出发，总体把握教学的目的和任务，教学内容的性质和特点，每节课的重点、难点和关键。

（1）把握教学目的和教学任务

教学方法是实现教学目的和完成教学任务的手段，不同的教学目的和教学任务，要求运用不同的教学方法。任何教学方法都是为实现教学目的和教学任务服务的，因此，要选择与教学目的和教学任务相适应的，能够实现教学目的和完成教学任务的教学方法。例如：如果教学的目的和任务是传授新知识，就要选用讲授法和演示法等让学生体验知识的发生、形成、发展的过程；如果是让学生掌握技能技巧的，就要选用数学的多种变式练习，通过变式熟练掌握基本技能等；如果在一节课里，不同的教学环节有不同的教学任务，教学方法也应随之变换。为了完成一种教学任务，可以同时选用几种不同的教学方法。

（2）把握教学内容的性质和特点

教学的目的和任务是通过学生在教学过程中掌握特定的教学内容来实现的。学科不同，教学内容就有不同的性质和特点。教学方法的选择，必须把握好教学内容的性质和特点。例如，语文、外语、政治、历史等课程多采用讲授法，数学、物理、化学、生物等课程多采用讲解和演示、实验相结合的方法。不同的学科内容，教学方法上应各具特色；即使是同一学科，由于各部分教材的具体内容不同，选择的教学方法也应有所区别，如数学课中练习课与复习课选用的方法就有所区别。

（3）把握每节课的重点、难点和关键

每节课的教学内容必定都有重点部分、难点部分和关键所在，教学方法的选择就要考虑怎样突出重点、突破难点、抓住关键的方法。例如：对概念性较强的内容，可选用讲授和其他方法结合进行；对教材中的难点部分，可选用讨论的方法，大家集思广益，解决问题；而对学生容易理解的部分，可以采用读书指导法，让学生自学。

2. 师生共明原则

师生共明原则，是指在选择教学方法时，既要把握教学对象的可接受性，又要把握教师自身对各种教学方法驾驭的可能性，力求使师生双方的可接受性、利用的可能性与教学方法的高效果达到完美的结合，统一在最佳结合点上。

（1）把握教师自身利用各种教学方法的可能性

任何一种教学方法的选择，只有适应教师自身的素养条件，能为教师所理解和掌握，才能发挥更好的作用。有的方法虽好，但如果教师缺乏必要的素养条件，自己驾驭不了，仍然不能在教学实践中产生良好的效果。因此，教师应对自己的特长和弱点以及运用某种方法的实际可能性进行认真分析，做到心中有数，然后根据自己的特长和条件，选用教学方法，充分发挥优势，扬己之长、避己之短，采用与自己条件相适应的教学方法。例如，有的教师形象思维水平高，可以用生动形象的语言把问题的现象和事实描绘得生动具体，然后从所讲事实出发由浅入深地讲清道理，依据这一特长，可多选择以语言传递信息为主的方法；而有的教师不善于口头语言表达或表达能力较差，但善于制作教具和运用直观教具，在直观教具的配合下能有效地讲清理论，就可选择以直接感知为主的方法进行教学；有的教师善于板书、板绘，可利用板书纲要、图表、绘画来引起学生兴趣，启迪学生思维。

（2）把握教学对象——学生的可接受性

教学方法的选择，必须与学生的发展水平相适应。教师的教是为了学生的学，教学只有符合学生掌握知识的规律才能获得较好的教学效果。因此，选择教学方法时，要考虑学生的年龄特征，了解学生已有的知识基础和心理准备情况，以及学习态度、智力发展水平等。例如，数学概念开始阶段的教学应侧重选用描述、描绘等直观的教学方法或利用教具，而不宜进行较长时间的讲解和讲演，否则，学生会感到疲劳，注意力分散，将影响教学效果。在数学应用阶段的教学可以多选用启发、探究式的教学方法，甚至采用教师引导下的自学方法，以引导他们独立地研究问题，获得知识，发展智力。还要注意，考虑学生的可接受性，并不意味着要求教师只是消极地适应学生的现实水平，而是应当注意从学生实际出发，选择那些能促进和发展学生学习独立性的方法。

3. "双效"统一原则

"双效"统一原则，是指在选择教学方法时，一要考虑能否取得最佳效果，二要考虑能否取得最高效率，力求使效果与效率达到完美的统一。教学方法的选择，必须追求方法与效果的统一。教师在选择教学方法时，要充分估计运用这种方法所取得的效能、效益和结果。教学方法与教学效果统一了，说明选择的教学方法是行之有效的，否则是不切实际的。教学方法多种多样，而使用时又往往是以一两种为主，这就要求教师在选用教学方法时，一定要选择能取得最佳效果的方法，使方法与效果二者高度统一。

但是，仅看教学效果还是不够的，教学效果仅仅是评价选用教法好坏的一个重要方面。在看教学效果的同时，还要看教学效率。有时，虽然教学效果不错，但它是以教师和学生双方花费了很多时间和精力以及较高的物质消耗为代价的，这种教学效率是不高的。采用好的教学方法，教学效率也更高，即做到投入较少的时间、精力、物力、人力，而获得较好的教学效果和较高的教学效率。"双效"达到了统一也就做到了教学方法的最优化选择。

除以上三项基本原则之外，教学方法的选择，还要考虑学校的教学条件。相同的教学内容、相同的教学对象由于各学校的具体环境和设备条件的不同，教学方法的选择也要有所区别。然而，万变不离其宗，各种教学方法的本质是一致的，即在数学教学过程中，在传授数学知识的同时要关注学生能力的培养、智力的开发和综合素质的提高；注重教师主导作用的发挥和学生主体地位的体现，充分调动学生学习数学的积极性和主动性，促使其思维和行为的积极参与；注重学生创新精神和实践能力的培养，引导学生自学，让学生学习数学、理解数学，领会数学的思想和方法，逐步掌握科学的认识方法。所以，在具体教学时，要注意各种方法之间的内在联系，灵活地、综合地选择和运用各种教学方法，有机地整合各种教学方法，创设高效的教学方法组合体，最大限度地调动学生的学习积极性和创造性，提高课堂效率，提高教学质量。

（五）教学方法的选择方法

在中职数学教学实践中，具体选择每堂课的讲学方法时，要着重考虑三个方面：教学内容及其相应的教学目标、各种不同层次学生的特点、各种基本教学方法的特点。

1. 必须考虑教学内容及其相应的教学目标

中职数学的每堂课都有具体的教学目标：一方面是属于知识范畴的，称为数学教学的直接目标，既要掌握的数学事实、概念、技巧与原理；另一方面是属于能力范畴的，称为数学教学的间接目标，即要具备证明定理、解决问题的能力，掌握学习、迁移知识的能力，独立探究、与人合作的能力，又要发展智力，形成对数学的积极态度等。

（1）数学事实教学方法的选择

数学事实是指不加证明而允许凭借直观接受的数学中的约定和结论（像几何中的公理、原始概念等）。教学数学事实的最好方法是让学生直接参与活动，动手画画、量量，看看实物模型等实验，这样可降低知识难度，又符合了从感性认识到理性认识的规律。因此，这类知识的教学最好选用发现法。

（2）数学概念教学方法的选择

数学概念是指给出定义的概念，其教学方法的选择，首先要考虑引入概念的方法。一般地说，对于理论性或综合性较强的概念，应选择讲解法；对于与已知知识关系密切的概念，应选择谈话法、发现法等，让学生在教师指导下进行讨论，独立探究发现，教师只要注意指导讨论的全面性，便于归纳出概念的本质属性，注意提高学生探究中的辨别能力。其次要考虑定义概念的方法，要选择适合学生年龄特征和知识水平的语言，逐步严格化的方法，即从直观到不十分精确、不很严格的描述到指出其不足，到给出严格的定义。最后要考虑巩固概念，评价学生理解这一概念的程度和运用概念的能力的途径与方法，要选用指导练习和独立作业的方法。

（3）"数学技巧"教学方法的选择

数学技巧是指数学的运算及程序，像数与式的运算、解方程、解不等式的方法等。教学这些技巧的方法，可根据学生的已有知识基础区别对待：如果是新的、与前面联系较少的技巧，可选择讲解法；如果与前面已有知识技巧联系密切，则可选用讨论、发现等教学方法。在操练技巧的教学中可采用"谈谈、议议、练练、讲讲"的教学方法，这可以提高学生的学习积极性，激励学生深入分析，尽可能保证操练的正确性。

（4）"数学原理"教学方法的选择

数学原理主要是指教材中的定理。它的教学一般要经历了解、证明、运用三个阶段的过程，其中了解定理阶段一般可根据学生的知识基础选用启发引导的发现方法，通过演算、观察、分析、类比、归纳、作图等步骤，让学生发现命题，引入命题，并切实分清命题的条件与结论，理解定理意义、内容，为证明打下基础；证明阶段是定理教学的核心和难点，一般可选用讲解法由教师讲授，着重于分析证明的思路方法，介绍基本证明的方法、步骤、格式，使学生能认识证明的必要和掌握证明的基本途径，在此基础上，可选用引导发现等方法，启发学生学会尝试、探索和发现证明途径，灵活选用基本方法，逐步深刻领会证明的实质和提高证明能力；运用定理阶段，主要选用作业指导法、探究讨论等，组织安排学生练习，运用所学定理，联系学生熟悉的生活、生产实际或其他学科中的相关问题，显示教学应用的广泛性，提高学生解决问题的能力。

2. 必须考虑教学对象

在一个班级中，学生的年龄虽然相仿，但他们各自所处的智力发展阶段、数学能力、解决问题的技巧、成熟的程度、学习的习惯、学习的动机和数学基础是不尽相同的。选用教学方法一般是在力争最大限度地利用已有教学条件的前提下，参照大多数学生的水平和要求，同时兼顾大多数学生的要求。一般可以将班级学生的整体水平分为三个层次，依此选择不同的教学方法：若班级整体水平较高，可采用讲解、谈话、讨论、发现等教学方法，多用问题启发学生思考、训练，使学生获得更多的知识，培养更强的能力；若班级整体水平一般，可侧重于讲授、谈话、讨论等方法，但教学中要注意经常结合具体数据、图形加以说明，注意概念和定理的引入、理解和运用，重视由感性到理性的认识过程。若班级水平较低，就要选择以讲授为主，适当组织学生活动的方法，理清数学知识系统，逐步提高学生全面的数学能力，特别是逻辑思维能力和表达能力。

还应指出，无论在哪个班级教学，总会有少数学生处于整体水平之上，还有少数学生处于整体水平之下，在教学中如何使他们都得到发展，避免过早地学习水平两极分化，也是选择教学方法值得考虑的问题。因此，课堂上选用多种教学方法的结合式，提倡师生间、学生间的协调合作，并逐步增加学生独立探究的机会；课外积极开展各种形式的数学小组活动等，都是优化教学方式方法、提高教学质量的有效途径。

3. 必须考虑各种基本教学方法的特点与实质

教学方法的名目繁多，各有特点，没有一种是"万能"的，只有在教学实践中恰当地组合、有机地结合，方能取长补短，灵活运用，取得良好的教学效果。因此，选择教学方法当然必须掌握各种教学方法的实质，清楚各教学方法的教学原理、依据，清楚它们各自的方法要点、特点功能以及适用范围，明确使用这些方法的优势与不足，这样才能比较自如地选择恰当的教学方法，并能主动地组合运用于实现教学目标的教学过程中。总之，选择教学方法，只有将教学目标、教学内容、学生的特点与水平、教学材料和设备以及教师的实际水平等因素统筹兼顾，并对基本常用的教学方法进行尽可能协调的组合，才能达到优化有效，为实现教学目的更好地服务。

第四章 中职生数学思维能力的培养

第一节 培养中职生数学思维能力的重要性

一、培养学生自主解题的主动性

教师教学的根本目的是"不教"，即教会学生进行有效学习的探知方法和经验。中职生在阶段性学习实践锻炼过程中，初步形成了良好的自主学习技能和学习素养。但还需要教师进行有效的引导和指导，教学实践证明，中职生自主解题能力的有效培养，能够为教学活动的深入推进以及自主学习活动有效开展，打下坚实的能力"基石"。下面简要论述当前中职数学教学中，培养中职生自主解题能力的方法和举措。

（一）重视教学情境设置，提供中职生自主解题的良好氛围

部分中职生在数学学习活动中，特别是在自主学习过程中，缺乏自主学习的自觉性，缺少能动探析的主动性。究其原因是中职生内在能动潜能被压制，学习情感被压抑，内心缺少主动学习的意识。而自主解题活动的开展，需要学生保持主动、积极的学习情感以及勇于攻坚克难的信念。因此，中职数学教师应将激发学生自主解题潜能作为首要条件，通过情境交融、以境促情的方法，设置生动、融洽的教学情境，为学生营造出和谐、趣味的教学氛围，增强学生主动探知意识，激发内在能动潜能，积极开展自主解题活动。

（二）提供解题策略指导，做好中职生自主解题的方法指导

自主解题能力的有效提升，离不开实践探究的活动，也离不开教师科学有序的指导。中职数学教师在培养学生自主解题能力进程中，要将传授解题方法作为

重要"环节"，一方面要提供学生进行实践探究的充足时间和空间；另一方面要做好探究实践活动的"引导"和"指点"工作，在学生探析活动"困难处"或"疑惑处"，给予实时的指导和科学的指点，让学生掌握探析问题的"精髓"和"规律"，积淀探究分析的"经验"，为自主解题活动开展提供有力的方法指导。学生探究实践、分析思考能力得到了有效锻炼，解决问题的方法得到了深刻理解，自主解题能力得到有效提升。

（三）传授解题思想策略，增强中职生自主解题的内在素养

中职数学问题案例解答中涉及较多的解题思想策略。解题思想策略的运用，是中职生数学思想品质的重要表现，是中职生综合思维能力素养的重要体现。中职数学问题解答中运用的数学思想策略主要有函数思想、方程思想、数形结合思想、分类讨论思想、化归转化思想、建模思想等等。教师在解题能力培养中，要将数学思想解题策略的传授作为一项任务，在问题探析和讲解时，结合案例有效展示、具体阐述，使学生能够对解题思想策略内涵"知之甚多"，深刻理解，逐步增强中职生自主解题的内在素养。

总之，自主解题能力是学生自主学习能力的重要素养。中职数学教师在培养学生自主解题能力过程中，要按照新课程改革的目标要求，提供适宜的自主解题环境，鼓励引导学生自主探析问题内涵，做好探析过程方法指导，教会正确解题方法策略，逐步提升自主解题能力素养。

二、数学思维较其他思维具有更强的间接性和概括性

思维的间接性是指人们借助一定的媒介和知识经验对客观事物进行间接的认识。

思维的概括性是指在大量感性材料的基础上，把一类事物共同的特征和规律抽取出来，加以概括。表现在两个方面：第一，思维反映的是一类事物所共同的、本质的属性；第二，思维还可以反映事物的内部联系和规律。

思维是什么？之前人们将思维定义为人脑对客观现实概括的和间接的反映，它反映的是事物的本质和事物间规律性的联系。思维同感知觉一样是人脑对客观现实的反映。感知觉所反映的是事物的个别属性、个别事物及其外部的特征和联

系，属于感性认识；而思维所反映的是事物共同的、本质的属性和事物间内在的、必然的联系，属于理性认识。

然而，上述关于思维的定义存在着很大的缺陷：

第一，该定义说思维是人脑对客观现实概括的和间接的反映，也就是说，思维是一种反映，但这里的反映强调的是结果，而不是过程，然而实际上思维是一个过程。

第二，该定义没有指出人脑是怎样对客观现实产生概括的和间接的反映的，即该定义没有指出思维是怎样进行的。

第三，在现实生活中，人脑对客观现实的反映并不都是正确的，而且往往是错误的。依据该定义，产生错误反映的认识就不属于思维，那它属于什么？再说，人脑对客观现实的反映是否正确，实际上根本就没有一个判断的标准。现在被认为正确的东西可能会随着科学的发展而认为它是错的。历史上就有一些理论或观点，最初人们认为它是错的，可后来发现它是对的。

思维惯性造成思维机械。思维的惯性常伴着思维的惰性而存在。在平时做作业或测试中，解题时出现错误时，究其原因，大部分学生把原因归于审题不清。学生在解答数学题时，常尚未看清题意，见术语，便罗列公式，生搬硬套；见数据，便代入演算，拼凑解答等。

思维线性造成思维中断。在一份问卷调查中，回答"经常出现思维的方向性错误"的学生几乎占了一半，他们由于思维的单一性，呈线性状态，导致思维过程常常中断而受阻。

数学思维是对数学对象（空间形式、数量关系、结构关系等）的本质属性和内部规律的间接反映，并按照一般思维规律认识数学内容的理性活动。

我国数学教学大纲中明确指出，思维能力主要是指：会观察、实验、比较、猜想、分析、综合、抽象和概括；会用归纳、演绎和类比进行推理；会合乎逻辑地、准确地阐述自己的思想和观点；能运用数学概念、思想和方法，辨明数学关系，形成良好的思维品质。大纲中对思维能力的这一阐述是准确的、科学的，反映了心理学对思维能力研究的最新成果，对当前的数学教学具有重要的指导意义。

首先，数学思维较之其他思维具有更强的间接性和概括性，由于数学高度抽象的特点，使得数学思维较之其他思维更为间接，亦即间接的间接；其次，数学思维具有独特的形式化的符号语言，数学的另一个重要特征是它的符号语言。如同音乐利用符号来代表和传播声音一样，数学也用符号表示数量关系和空间形式。

提高学生数学思维能力的方法。那么，在数学课堂教学中应当从以下几个方面贯彻教学大纲的思想，更加有效地培养学生的数学思维能力：

让学生学会质疑，激发学生思维动机。动机是人们因需要而产生的一种心理反应，它是人们行为活动的内动力。因此，激发学生思维的动机，是培养其思维能力的关键因素。教师如何才能激发学生的思维动机呢？这就要求在教学中充分发挥主导作用，根据学生心理特点，教师有意识地挖掘教材中的知识因素，从学生自身生活需要出发，使其明确知识的价值，从而产生思维的动机。

重视问题设计，培养学生思维能力。思维从问题和惊讶开始。课堂教学中的数学问题一方面来自教材，另一方面来源于学生，但大部分需要教师的再加工——"问题"的设计。课堂上教师提出问题的角度、层次和要求直接影响着对学生思维能力培养的程度。因此，数学教学，必须根据学生的认知水平、教材内容、课型要求等设计不同问题，从多方面培养学生的思维能力。

（一）设计比较型问题，培养学生求同思维能力

人类认识事物是从区分事物开始的，而要区分事物，首先要进行比较，有比较才能有鉴别。求同思维就是将已知的各种材料进行比较、归纳、总结，得出规律性的知识，寻求问题的同一答案。从求同思维能力的形成过程及其规律来看，比较型问题对于培养学生的求同思维能力很有帮助。这是因为解比较型问题的过程正是要求学生从彼此相关的大量具体材料中抽象出规律性结论的过程，从各种材料中寻求共同特点的过程。因此，设计一些比较型的问题，能够培养学生的求同思维能力。

（二）设计开放型问题，培养学生求异思维能力

在培养学生求同思维能力的同时，不要忽视培养学生的求异思维能力。求异思维，就是不墨守成规，寻求变化与创新的一种思维活动。在数学教学过程中，

教师应鼓励学生敢于设想，追求创新，并且注意引导学生变换思维角度，这样既能激发学生的思考热情，又能使他们思路开阔，处于一种主动探索的状态。教学过程中，教师除有计划有目的地设计一些一题多解、一题多变、一题多用型问题进行全方位多层次探索外，还应注意收集信息，积累资料，以便于设计一些开放型问题，通过寻求问题的结论或条件或某种规律，来开放学生的求异思维，培养学生的创新精神。开放题有利于激发学生学习数学的兴趣，培养他们的求异思维和创新能力。

（三）设计互逆型问题，培养学生逆向思维能力

在讲解每一节内容时，教师除了让学生进行一定程度的正向思维训练外，还应不失时机地设计逆向型问题，培养学生逆向思维能力，教会学生从一个问题的相反思路去思考，或者从一般思路的相反方向去探求解决问题的方法和途径，使学生的正向思维和逆向思维相互促进，协调发展。

（四）设计迷惑型问题，培养学生批判思维能力

学生应疑而不惑，不满足于成法，善于思考正反两个方面的论据，找出自己与他人的解题错误，寻找更合理、更正确的解答。教学中，运用辨异、分析、对比的方法，从而提高学生辨别是非的能力；鼓励学生质疑问难，发表自己的见解，用批判性的态度去分析解题过程；引导学生严密地、全面地利用已知条件，在解题关键之处能学会调控思维，及时、迅速地进行自我反馈，减少盲目性。这些都有利于培养学生思维的批判性。

为了使学生的"批判"思维趋于成熟、全面、正确，教师应机警地适时设计一些迷惑型问题，迷惑学生"认认真真地出错"，诱使学生"上当受骗"，展开争论。迷惑型问题是活跃学生思维的"催化剂"，其设计素材常常来源于教材中学生易疑、易漏、易错的内容，也可直接取自学生作业中出现的错误。

心理学家认为，培养学生的数学思维品质是发展数学能力的突破口。思维品质包括思维的深刻性、敏捷性、灵活性、批判性和创造性，它们反映了思维的不同方面的特征，因此在教学过程中应该有不同的培养手段。

思维品质的深刻性。数学的性质决定了数学教学既要以学生思维的深刻性为

基础，又要培养学生的思维深刻性。数学思维的深刻性品质的差异集中体现了学生数学能力的差异，教学中培养学生数学思维的深刻性，实际上就是培养学生的数学能力。数学教学中应当教育学生学会透过现象看本质，学会全面地思考问题，养成追根究底的习惯。在教学中从以下几个方面强化学生数学思维的深刻性：

第一，经常要求学生进行解题回顾。解题后不应为题目的表面现象所迷惑，而应做进一步的思考，抓住问题的本质和规律深入细致再研究，这种层层深入式的解题回顾，对思维深刻性的培养有着重要的指导意义。

第二，编拟归类型题组。让学生通过观察、分析事物的本质属性做到解一题知一类，触类旁通，使之对概念的理解更深刻，对方法的掌握更灵活，培养思维的深刻性。

第三，通过变式教学，加深理解解题方法的本质。一种解题方法确实有必要有一定数量的练习加以巩固，但不掌握方法的本质，题做得再多也无济于事，在教学中，采用变式教学的手段，揭示方法的本质与核心因素，能使学生得到深刻的印象。

思维品质的敏捷性。数学思维的敏捷性，主要反映了正确前提下的速度问题。因此，数学教学中，一方面可以考虑训练学生的运算速度；另一方面要尽量使学生掌握数学概念、原理的本质，提高所掌握的数学知识的抽象程度。因为所掌握的知识越本质、抽象程度越高，其适应的范围就越广泛，检索的速度也就越快。另外，运算速度不仅仅是对数学知识理解程度的差异，而且还有运算习惯以及思维概括能力的差异。因此，数学教学中，应当时刻向学生提出速度方面的要求，另外还要使学生掌握速算的要领。

思维品质的灵活性。数学思维功能僵化现象在学生中是大量存在的，这可能与学生平时所受的思维训练有很大关系。我们的教师在教学过程中过分强调程式化和模式化；例题教学中给学生归纳了各种类型，并要求学生按部就班地解题，不许越雷池一步；要求学生解答大量重复性练习题，减少了学生自己思考和探索的机会，导致学生只会模仿、套用模式解题。灌输式的教学使学生的思维缺乏应变能力。因此，为了培养学生的思维灵活性，应当增强数学教学的变化性，为学生提供思维的广泛联想空间，使学生在面临问题时能够从多种角度进行考虑，并迅速地建立起自己的思路，真正做到"举一反三"。

思维品质的批判性。批判性思维品质的培养，可以把重点放在引导学生检查和调节自己的思维活动过程上。要引导学生剖析自己发现和解决问题的过程；学习中运用了哪些基本的思考方法、技能和技巧，它们的合理性如何、效果如何，有没有更好的方法；学习中走过哪些弯路、犯过哪些错误，原因何在。批判性思维的培养，有赖于教师在教学中创造各种条件营造质疑的机会，使学生能够随时发现问题，并提出不同的数学问题，培养学生善于提问、敢于提问的能力。教学中可采用如下一些措施：

第一，课堂教学可采用尝误原理。即教学中进行解题教学时，教师可以采用故意解错或演示自己思考中的失败后如何转变和获得成功的过程，引导学生思考。这样一方面可集中学生的精力，增强学习的兴趣；另一方面可提高学生的"免疫力"。

第二，作业、试卷兼用自评或互评方式。充分调动学生的积极性，让学生自评或互评作业、试卷，教师对普遍存在的问题进行集体讲解，对个别问题单独解答，并及时总结评价结果反馈给学生。

第二，成立课外学习小组。课后可以通过黑板报、墙报及时反馈教学和作业中学生的问题，让学生参与评价，成立课外学习小组共同研讨。

第四，鼓励学生的求异和创造性思维。对学生中的求异思维、不同解法、不同观点应加以鼓励并及时引导，以免陷入"钻牛角尖"境地；要指导学生批判地对待教材和参考答案，要有从教材中发现问题的胆量和决心。

数学各类考试都强调对学生思维批判性的考核，如选择题、判断题就是考核批判性思维的题。还有些要求采用最简便方法来解的题亦如是。

三、数学思维具有独特的辩证性

培养和训练学生的辩证思维能力，不仅是数学教学的一个重要目的，而且是当今社会对人的智力发展的要求。

从实践认识论的观点出发，去探索问题间的联系而产生的辩证思维有：从个别认识一般、从相对认识绝对、从有限认识无限等思维方法。

从运动、变化的观点出发，去研究问题的本质及其规律产生的辩证思维有：

函数变量的思维、数形结合的思维、量质互变的思维、联系转化。从问题具有两面性的观点出发，去寻找解决问题的途径而产生的辩证思维有：以退为进，欲正则反，聚合与发散。

根据心理学和哲学，还可以从其他角度去分类，在此不再赘述。上述分类，只是为了便于研究在中职数学教学中如何培养学生的辩证思维能力。

数学是研究现实世界空间形式和数量关系的科学，它既来源于实践，又在生产、生活和科学技术领域中有着广泛应用。抓住数学这一特性，应用辩证唯物主义观点阐述教学内容，揭示数学中的辩证关系，就能培养学生的辩证思维能力。比如，数的概念的发展，就是矛盾运动的极好例证。负数解决了不能减的矛盾，分数解决了不能整除的矛盾，无理数解决了开方开不尽的矛盾，虚数解决了负数不能开偶次方的矛盾。当数的概念从有理数到实数域后，虽然增加了数的连续性，解决了数的四则运算及开方中的矛盾，但却失去了数的可数性；当数域从实数扩大到了复数后，虽然增加了代数开方的封闭性，解决了负数不能开偶次方的矛盾，但却失去了数的大小比较的性质。

这样，既引导学生揭示矛盾，寻找解决矛盾的方法，又向学生指出旧的矛盾解决了，又会产生新的矛盾。这样做有利于学生踏入社会后，面对现实，正视矛盾，积极主动地寻找解决矛盾的方法，有利于科学人生观的形成。

变静为动，培养学生的运动观。静止与运动是客观事物变化的两种形态。静止是相对的，运动是绝对的。静止使我们认识事物在某一时刻的特征，运动才能看清事物变化的实质。在相对静止的数学问题中，寻找动的形态。在运动中考察，在变化中实现联系转化，认识动中有静、静中有动的辩证关系。

数与形是两个不同的概念，它们刻画了客观事物运动规律的两个不同侧面，数定量，形定位，既互相对立，又互相联系，在一定条件下互相转化。教学中引导学生以数想形、以形思数，数形结合，探讨问题变化的规律，创造条件使对立双方达到统一。

双向沟通，培养学生联系转化观。数学问题中的诸因素是互相联系、互相制约的，命题中的条件与结论之间的差异就是矛盾。解决中，引导学生运用普遍联系的观点，寻找与问题有关的概念、性质、方法等，探索沟通的途径，促使矛盾的双方各自向其对立面转化。

逆向思维，培养否定之否定观。解题也跟打仗一样，正面不能突破，就从它的反面入手，以达到解决问题的目的。数学中的反证法、补集方法都是逆向思维方法，无一不是否定之否定规律的体现。

积少成多，培养学生的量质互变观。在一切事物的发展中，量变是质变的准备，量的变化达到一定的度，就不可避免地引起质变，只有质的变化才是事物的根本性质的变化。解题中，掌握变的方向、变的度，就能促进量质转化，达到矛盾统一。

辩证思维是在知识的获取过程中得到锻炼和发展的。知识愈广阔，唯物辩证法的基本观点掌握得愈全面愈深刻，辩证思维能力就愈强。所以，在数学教学中，传授知识与培养思维能力是相辅相成的，绝不能忽视思维能力的培养。

学生在学习过程中充满着错综复杂的思维现象，辩证思维往往是伴随着其他思维而出现的，特别是逻辑思维。因此培养辩证思维的同时，必须重视培养学生完整的思维结构，只有具有完整的思维结构的人，才能利用辩证思维灵活解决问题。辩证思维在性态上属于逻辑思维，教师应在培养逻辑思维的基础上重视辩证法思维的培养。

学生是思维的主体，教师只能通过教学引导，使学生在掌握辩证法基本原理的基础上，逐步学会辩证思维方法，绝不能包办代替，否则将是徒劳无益的。教学实践证明，在数学教学中加强辩证思维能力的培养，对于完善学生的思维结构、优化思维品质、提高智能都具有十分重要的作用。

数学是一门基础的自然学科，它的运用非常广泛，数学思想渗透人类各个方面，其显著特点是富有思想智慧。但是数学又是一门研究思想事物的抽象学科，其特点有二：一是数学研究成果揭示了事物数量和形式的一般规律；二是数学研究过程及其成果中蕴含有一般思维规律。

人类已经步入一个崭新的、发展的、挑战的、竞争的数字化时代，全球经济一体化进程急剧加快，现代数学渗透到与人类生活息息相关的各个领域。它不仅是科学知识，而且是一项普遍适用的技术，在收集、整理、描述信息、创造、保存、传递、交流、发展人类文化中充当着重要角色。数学教学更重要的一个问题，不再仅是教学内容，而是如何掌握和操作这些内容，重点应放在对教学过程的研究上，突出学生在教学过程中的主动、积极的活动，使学生不再把数学作为一堆死板、封闭的事实、步骤来记忆，而应当作为动态的探索性的发展的学科来学习，"寻求解法，不单是记忆步骤；探索模式，不单是记忆公式；形成猜测，不单是做些习题"。随着《新课程标准》的颁布与实施，数学教学的任务已转变为首先关注每一个学生的情感、态度、价值观和一般能力的发展，为每个学生的终身可持续发展奠定良好的基础。综合运用各种手段、遵循循序渐进的原则，通过持之以恒的培养，树立学生的数学思想，不断提高学生的思维能力。

21 世纪，国际数学教育的根本目标就是"问题解决"。因此，培养学生具有基本的数学思想方法，是未来社会的要求和国际数学教育发展的必然结果。

近年来，越来越多的教师认识到了培养学生基本的数学思想的重要意义。但是，数学教师本体知识不够，对于教材所反映出的一些基本数学思想不能加以分析和考量，适时进行数学思想渗透的意识不强。从以往的教学看，很多教师把落实"双基"作为课堂教学的主要任务，教师在新课程下的"三维目标"中也很少看到将渗透数学思想方法作为教学目标之一。很多教师在研究教材时都是唯"书"是从，没有将无形的数学思想方法贯穿到有形的数学知识之中，这样就不利于教师从整体上把握数学教学目的，将数学的本质、知识形成的过程、解决问题的过程展示给学生，将思维的方式方法展现给学生，学生也就不可能获得真正的可持续发展。

长期以来，由于对数学教学效果的评价总是围绕着对"显性知识"的掌握而展开的，看学生是否记住了数学公式、概念、定理等，是否会用某种方法解题，是否会用某种规则进行运算、推理，并把这些作为考试、考查的基本指标，许多教师的数学教学变成了单纯的"解题教学"，相对削弱了对学生"数学思想"的有效考查，影响了学生的数学能力和数学智能的均衡发展。

第二节　培养中职生数学思维能力的目标

一、增加学生对数学学习的兴趣

成功的教学所需要的不是强制，而是激发学生的兴趣。学生的求知欲源于兴趣，有了兴趣才会有探索新知识的欲望。反之，学生若是对学习没有兴趣，那么他就很难进入学习状态。正如教育家乌申斯基所说："没有丝毫兴趣的强制学习将会扼杀学生探求真理的欲望。"可见，培养学生的学习兴趣是多么重要。在现实生活中，要想让学生对数学学科本身产生浓厚的兴趣，绝不是靠教师单方面灌输知识给学生所能办到的。那么在中职数学教学中，如何培养学生学习数学的兴趣呢？

营造良好的氛围。要想让学生喜欢数学，努力营造宽松良好的课堂教学环境是极其重要的。所谓宽松良好的课堂教学环境就是民主的、开放的，应鼓励学生自由思考、自主发现甚至敢于批评争论，让周围环境成为激起学生灵感的场所。有了宽松的创造空间，学生才能敢想敢说，敢于标新立异，创造潜能才能激发出来。

在数学教学中，通过恰当的质疑问题，引起学生的好奇心、注意力和求知欲，诱导学习兴趣，使学生处于积极思维状态，引导学生自己动手动脑，这对于提高数学教学质量将起着重要的作用。

兴趣并不是天生的，它是后天形成的，而且是可以培养的、可以转化的。要想提高学生的数学成绩就应该对它发生兴趣，钟情于它，进而转化为稳定的学习动机。学习兴趣在中职数学教学中有现实的积极意义，注重培养和激发学生学习的兴趣，改变数学课堂教学枯燥、乏味的现状，大面积提高数学教学质量，正是当代数学教学中的重要课题之一。

总而言之，只有培养学生浓厚的学习兴趣，激发学生强烈的学习欲望，才能让学生成为教学真正的主体，才能使教师教得轻松，学生学得快乐、主动，才能有效地提高课堂教学效率，提高教学质量。因此，教学中教师应想方设法激起学生的求知欲望，使他们积极主动地投入到学习中。

二、提升自我创新能力

在中职数学教学中注重学生创新能力的培养，既是挖掘学生潜能、提高教学质量的需要，也是满足素质教育要求的需要。中职数学教学过程中培养学生的创新能力要通过多种途径来实现：

（一）提高数学教师队伍素质是关键

教师的素质水平极大地影响着学生创新能力的培养。俗话说"师父领进门，修行靠个人。"中职数学课程同样如此。但是，中职数学教师如果没有较高水平的创新意识和创新能力，就不能给学生以很好的引导，会给学生创新能力的培养带来很多制约因素。提高中职数学教师队伍素质，需要做好以下三方面的工作：首先，更新教学观念。中职数学教师要深入学习素质教育的有关知识，认识到培养学生创新能力的重要性，并且在实际教学中真正以学生创新能力为导向，在此基础上提高学生的数学学习成绩。其次，加强数学教师之间的交流。一般的普通中职都有数学教研组，这是加强数学教师之间交流的良好平台。数学教师之间要利用课余时间加强彼此的交流，就一些数学问题进行深入的探讨和研究，提高自身教学水平。教研组也可以定期进行经验交流会，帮助教师提高教学水平。再次，加强数学教师自身的学习。知识是永无止境的，中职数学教师更要认识到学生经常会就一些问题提出多角度的解决方法，其中有些方法是教师也没有想到的。因此，中职数学教师要通过不断的学习来提高自身的教学水平。

（二）提倡多样化的解题思路是重要手段

创新能力的培养，需要有发散性思维的充分运用，只有运用多角度的观察和实践，才能提出多样化的解题思路，才能有所突破、有所创新。数学教学最重要的一个作用就是培养学生"举一反三"的能力，学生在解决一道数学问题后，可以把所运用的解题思路和应用原理科学地运用到其他问题中，提高自我分析问题、自我解决问题的能力。数学问题具有综合性、多样性等特点，使得解题方法和解题思路也是灵活的、多样的。提倡多样化的解题思路要求在中职数学教学中做好以下两个方面的工作：第一，数学教师要鼓励学生提出不同的想法。中职数学教师在课堂上要鼓励学生勇于提出自己的不同见解，并对每一个学生提出的见解组织学生们进行深入的分析，找出哪些是合理的、哪些是不符合规律的，并对合理之处提出表扬，提高学生的积极性，对不符合规律的要及时提出意见和建议，帮助学生寻求找到正确的解题思路。其次，数学教师要层层设疑。在数学教学中，要多运用一些疑问，并鼓励学生大胆发言，提出不同的见解；在运用一种方法解决问题后，要征求广大学生的意见，看是否有其他不同的解决方法，注重培养学生多样化的解题思路。

（三）鼓励学生大胆创新是根本保障

只有勇于创新，才能不断发挥学生的潜能，才能提高学生的创新能力，才能提高学生的学习成绩。中职数学课是一门综合化、多样化的课程，能够为学生发展创新能力提供巨大空间。首先，中职数学教师要鼓励学生勇于创新。其次，要鼓励学生运用独特的解题方法来解决数学问题，对于符合规律性的、更加简单便捷的解题方法要在课堂上深入分析和讲解，要提倡其他学生向其学习，并给予一定的精神表扬，这样，学生就能获得更大的创新动力，就会实现不断创新，就会取得更好的学习成绩。其次，要正确引导学生的创新。中职生由于其所处的学习阶段的限制，其创新也必然会具有一定的局限性。部分学生在创新上会存在着盲目、自大等问题，这就需要数学教育给予正确的引导，把学生的创新意识和创新能力引导到正确的轨道上来，让学生的创新意识和创新能力发挥到解决数学问题上来，而不是为了取得别人关注的目光去盲目创新。

（四）注重课堂理论与实践的结合是动力源泉

数学课是一门比较单调的学科，尤其是纯理论部分很难能吸引所有学生的学习兴趣。我们知道，兴趣是最好的老师，学生的创新能力同样离不开兴趣。对数学问题感兴趣的学生更愿意发挥自己的主动性和积极性，更愿意花费更多的时间和精力去思考，更愿意寻求更好的解决方法，这有助于提高学生的创新能力，有利于提高其数学学习成绩。而对数学问题不感兴趣的学生经常会感到头疼，产生厌烦的情绪，不利于提高其创新能力和学习成绩。如何增强学生学习数学课的兴趣？最好的一个办法就是注重课堂学习与实践的结合。学生参加社会实践，从中发现数学问题，针对这些数学问题进行思考和研究，能够增强其学习兴趣。因此，中职数学教师在教学中要注重课堂学习与实践的结合。首先，带领学生积极参加社会实践。选择一些与数学问题相关联的社会实践活动，带领学生参加这些社会实践活动，让学生在实践中仔细观察，并从中寻找出相应的数学问题，鼓励学生采取独立与合作等方式解决这些问题。其次，在课堂教学中运用案例。中职数学教师可以在课堂教学中运用学生耳熟能详的现实生活中的案例，学生在认识这些案例的基础上，就容易产生解决问题的兴趣，更容易在深刻体会现实的基础上发挥主动性、积极性，发展自己的创新能力。

需要补充的是，中职数学教学培养学生的创新能力不能仅仅以学生的学习成绩为基准，如果只是以学习成绩为最终的标杆的话，很容易导致学生死记硬背、生搬硬套等现象的发生，违背了培养学生创新能力的宗旨。评价学生创新能力，中职数学教学要采用多样化的评价指标，要以培养学生创新能力为导向，在这个导向的基础上提高学生的学习成绩。

三、增加学生对数学学习的信心

21世纪是一个知识竞争的世纪，是一个能力竞争的世纪。在数学教学活动中树立中职生学习数学的自信心，可以促进学生主动参与的意识、大胆探索的精神，增强学生学习数学的好奇心，激发他们的求知欲，促进学生活泼进取的良好个性的形成，使学生在原有的基础上得到进一步的发展。学生有了学习数学的自信心，可促使他们在其他学科的学习中增强自信，也能促进他们在以后的学习及生活中，不畏困难险阻，沉着冷静，寻找解决困难的办法，敢于面对生活中的各种挑战。那么，怎样才能树立中职生学习数学的自信心呢？

数学作为衡量一个人能力的重要学科，从小学到中职，绝大部分同学在数学这一科投入了大量的时间和精力。然而并非人人都是成功者，有些学生数学成绩始终没有起色，甚至出现倒退，第一个就栽在数学上。

兴趣是最好的老师。在教育教学中，我们数学教师应当注意运用多种手段和方法，通过多种渠道培养和激发学习兴趣，最大限度地调动学生的学习积极性和主动性。这样，才能使学生带着浓厚的兴趣学好数学，才能大面积提高教学质量。

先学后教、有效达成的教学理念要求：尊重主体，面向全体；教师的责任不在教，而在于教会学生学。教师从片面注重知识的传授转变到注重学生学习能力的培养，教师不仅要关注学生学习的效果，更关键的是要关注学生的学习过程，引导学生进行小组探究学习，促使学生领会自主学习、合作学习的初衷，让学生亲历、感受和理解知识产生与发展的全过程。先学后教、有效达成的教学模式强调学生德、智、体的全面发展，师生互动，自主学习，培养学生终身学习的习惯。学生在教师引导下勤于学习，拓展思维，汲取知识，让学生经过猜疑、尝试、探索、努力，进而体会成功的喜悦。

所谓教学有法，但无定法，教师要能随着教学内容的多样性、教学对象的差异性、教学设施的局限性等等，灵活采用不同的教学方法，做到每一节课都要有教学重、难点，并且整节课都应该围绕着教学重、难点逐步展开。

教师应清楚先学后教、有效达成教学模式的基本要求，对教学内容理解到位。数学学习的自信心是指学生在数学学习过程中对自己的数学能力、数学认知、数学实践等方面的信念，它影响着学生对数学学习任务的选择、接受和学习状态的准备，影响着对数学学习的坚持性和情绪调节。因此，数学学习自信心是数学学习中一个重要的情感因素，是促进学生学习的动力之一，是获得数学学习成功的关键。

关爱、信任学生，构建和谐的师生关系。树立学习自信心的前提是教师要信任学生。对他们怀着期待，学生就会对教师产生好感和信任，同时树立自信心，产生进步的动力，从而实现教师期待的目标。

爱就是教育，没有爱，就没有教育。心理学研究证明，给学生以真诚的关爱，学生就会情绪高涨，思维敏捷，信心增加，乐于交往。我们要尊重学生、关心学生，尊重他们的人格，维护他们的个人尊严。要深入到学生中去，多与学生交谈，了解学生的优缺点，洞察学生的心理变化，沟通情感，创设宽松、和谐的数学教学心理环境。使他们感受到老师的爱抚和尊重，使他们相信个人的价值，坚信"我能行"。新课程由"专制"走向"民主"，由封闭走向开放，课程不再是特定的知识载体，而是教师和学生共同探求新知的过程，教师和学生共同构成课程的有机组成部分。

激发学生学习的兴趣。学习兴趣是学生基于自己的学习需要而表现出来的一种认识倾向。兴趣是最好的老师，只有当学生对学习感到有兴趣、有信心时，他们才会为学习付出努力。影响学习兴趣的因素主要包括教学方法、师生关系、教学效果、教学策略、对学生的注意和了解程度、赏罚情况等。学生一旦对学习失去了兴趣，学习就会成为他们的负担，由此对学习产生抵触和对抗情绪，焦虑、恐惧，甚至逃避，学业就会急剧下降。可见，激发学生的学习兴趣显得尤其重要。现行的数学教材中，蕴含着十分丰富的教学资源和情感因素，值得我们认真去挖掘。从一组数据、一幅美丽的图画等都可让学生从中受到感染和教育。教师在依托教材组织教学活动的同时，仍须对教材进行"编辑加工"——积极选择、有效重组与完善整合。创造性使用教材，结合生活实际，使学生在轻松愉悦的氛围中学数学、用数学。

利用一切可以利用的资源，创设环境与气氛。有人说：环境造就人，气氛熏陶人。对于数学课堂教学来说，做到环境与气氛的和谐，将起到事半功倍的作用。

第三节　培养中职生数学思维能力的方式

一、思维模式的建立需要循序渐进

在讲题过程中需要对学生进行启发性学习的训练。相同形式的题目很多学生往往只局限于听懂的阶段，自己做的时候就概念模糊。因此在课堂上，对于例题需要分步启发。

课堂上的学习氛围对于培养学生数学思维能力也起到至关重要的作用。良好的师生关系，能够活跃教学氛围。有些学生对一门科目的热爱在于对那个教学老师的喜欢，因此应当给予教学一些乐趣，在课下多多和学生进行交流谈心，在课堂上也可以讲讲有关教学的小故事。数学本来是一个思想跳跃的学科，给予课堂上应有的规范，相对的言论自由、思想上的碰撞必定给予学生愉悦的学习氛围，这样便能更容易地达到教学的目的。课堂上，老师和学生是师生也是辩论双方，在课堂上的各种有关教学的提问，可以各抒己见、畅所欲言；课堂下，是朋友，可以谈心交流，在这里还有一点非常重要的地方在于收集学生的错题和学生问的问题，这样便更能接近学生，进一步找出提高学生学习成绩的有效途径。

数学思维的培养可以在作业上。让课下作业形成阶梯性的难度，层层递进，层层深入。然后对于不同类型的题目分开编写，每种类型的题目难度也成阶梯型的设置，这样学生就可以由易及难，有效地提高审题、解题、答题的能力。作业在学习过程中占很大一部分比例，因此，题目的选取应当贴近新课标教学内容，从教学班的实际出发进行选择。拥有好的数学思维能力，对于各个方面都起到很多作用。不管是在理科还是文科科目的学习上，拥有良好的数学思维能力同样有着巨大的影响力。数学思维能力有着连贯性、创新性、谨慎性等特点。而这些特点让学生更能保持清醒的头脑，让每个科目在心中都有一条线索，而自主性的学习模式，让学生有了独立思考的能力，而这种能力正是很多人在以后的竞争中的一种优势，并且是大多数人所缺少的东西。

培养学生的数学思维能力，目标不仅仅局限于学生的学期考试，更加在于对数学的感知和把关，增加学生对数学学习的兴趣，探究数学的美感，也像上文提及的一样，进一步提升自我创新能力这一种核心竞争力。还有就是从根本上增加学生对数学学习的信心，让学生爱上学习，感知学习，拥有强烈的求知欲和探索欲，这一点也正是教学的目标之一。更大程度地激发学生的各种潜力，因材施教而不是让学生死读书，只是一味地多刷题提高成绩，而在于脑子里没形成系统的线索模式。数学教学的目的不在于应付考试，但也应当侧重考试，毕竟成绩还是挺关键的，有效的方法可以让学生爱上学习，提高成绩，自然而然地变得更为优秀。

中职生数学思维能力的提升绝非一朝一夕就可以形成的。在教学中，应侧重于教学对学生能力的培养，提高课堂效率，加快教学进度，而学生能力也可以得到锻炼与培养，这样一举多得的行为应该多多得以运用和升华。

数学的核心是学习数学思维活动，培养良好的思维品质是数学学习的重要任务之一。学生通过学习数学，不仅要获取数学知识、技能与方法，更重要的是要得到思维训练，逐步学习分析与综合、抽象与概括、类比与对比、具体化与系统化等思维操作，培养和提高逻辑思维、形象思维和直觉思维能力。那么，如何训练数学思维呢？思维模式的建立需要循序渐进可以有以下几个基本方法：

（一）引导联想，活跃思维

联想是由一个事物构想到与其相关的另一个或多个事物的思维过程，是一种由此及彼的思维方式。学生形成了联想的思维习惯，就能够触类旁通、活学活用，起到事半功倍的效果。所谓"观察联想"就是学生在观察数、式、图的同时，展开联想，找出解决问题的思路。在教学中，只要引导学生对题目做深入的分析、联想，定能让学生找到题目的本质属性，从而解决问题。

（二）类比迁移，激励思维

迁移是一种学习对另一种学习的影响。迁移教学的实质就是让学生运用旧知识探索新知识，发现新规律不断重组自己的认知结构。类比是将相近或相似的事物进行比较，辨析事物的共性和个性的一种思维方法。迁移就是一种学习方法对另一种学习方法的影响。类比既是建构性的思维，又是经验性的思维。在教学中，要努力揭示新旧知识之间的共同因素，尽力创设类比情境，凡是学生能在已学的基础上类推的，尽量引导他们自己类推出应学的新知识。

（三）突破定势，转换思维

逆向思维就是突破一般思维定势，从对立、颠倒、相反的角度去思考问题。与常规思维不同，逆向思维是反过来思考问题，是用绝大多数人没有想到的思维方式去思考问题。运用逆向思维去思考和处理问题，实际上就是以"出奇"达到"制胜"的目的。逆向思维的结果常常会令人大吃一惊，喜出望外，另有所得。

（四）多思多想，发散思维

要想有创造，就必须勤于思考，只有敢于标新立异的人，才能不断地开展创造性思维，有所创新。对学生来说，不要求他们创造数学知识，而让学生在实践活动中学会用数学的思想去观察分析处理现实生活中的实际问题，提高学生的数学素养，培养学生勤于多思，是很有必要的。思维的广阔性是发散思维的又一特征。思维的狭窄性表现在只知其一，不知其二，稍有变化，就一头雾水。反复进行一题多解、一题多变的训练，是帮助学生克服思维狭窄性的有效办法。可通过讨论，启迪学生的思维，开拓解题思路，在此基础上让学生通过多次训练，既增长了知识，又培养了思维能力。从知识技能的角度看，练习充分挖掘了题目的智力因素，激活了学生的思维，达成了知识的掌握与应用这一目标。就人文精神来讲，题目紧密联系学生的生活实际，有机地对学生进行了思想品德教育，尊敬长辈、人文关怀等意识无声地渗入了学生的心灵。

总之，数学是一门培养思维能力的基础课。思维的训练不仅是传授知识，让学生学习、理解、掌握数学知识，更要注重教给学生学习的方法，培养学生思维能力和良好的思维品质，这是全面提高学生素质的需要，教师应不断分析、不断总结、不断改进自己的教学工作，在改革中，探寻开展思维训练的方法和途径。

二、明确的学习目的与科学的学习措施

学习的目的是掌握知识，为自己的将来打好基础，做好铺垫。学习仅仅是一个过程。正如人们常说的"学以致用"，学习就是为了将来的发展。因此头脑清醒的人，学习会有的放矢，目标非常明确。而头脑糊涂的人，学习则无的放矢，忙于应付，非常被动。在生活中，我们无时无刻不在接触新事物，只要抓住了机会，调整好心态，在哪里都可以学习到有价值的东西，这就需要我们明确自己的学习目的。学习是为了什么，怎样才能学以致用，是每个人都需要思考的问题。

（一）先看笔记后做作业

有的同学感到，老师讲过的，自己已经听得明明白白了，但是，为什么自己一做题就困难重重了呢？其原因在于，同学们对教师所讲的内容的理解，还没能达到教师所要求的层次。

因此，每天在做作业之前，一定要把课本的有关内容和课堂笔记先看一看。能否坚持如此，常常是好学生与差学生的最大区别。

尤其练习题不太配套时，作业中往往没有教师讲过的题目类型，因此不能对比消化。如果自己又不注意对此落实，天长日久，就会造成极大损失。

（二）做题之后加强反思

同学们一定要明确，现在正做着的题，一定不是考试的题目。而是要运用现在正做着的题目的解题思路与方法。因此，要把自己做过的每道题加以反思，总结一下自己的收获。

要总结出：这是一道什么内容的题，用的是什么方法。做到知识成片，问题成串。日久天长，构建起一个内容与方法的科学的网络系统。

回头看的时候要想想自己做对了没有，还有什么别的解法，题目处于知识体系中的什么位置，解法的本质什么，题目中的已知与所求能否互换、能否进行适当增删改进。有了以上五个回头看，学生的解题能力才能与日俱增。投入的时间虽少，效果却很大。

（三）主动复习提高

进行章节总结是非常重要的。方法总结如下：

1. 要把课本、笔记、单元测验试卷、测验试卷，都从头到尾阅读一遍。要一边读，一边做标记，标明哪些是过一会儿要摘录的。要养成一个习惯，在读材料时随时做标记，告诉自己下次再读这份材料时的阅读重点。

2. 把本章节的内容一分为二，一部分是基础知识，一部分是典型问题。要把对技能的要求，列进这两部分中的一部分，不要遗漏。

3. 在基础知识的梳理中，要罗列出所学的所有定义、定理、法则、公式。要做到三会两用。即：会文字表述，会图像符号表述，会推导证明；同时能从正反两方面对其进行应用。

4. 把重要的、典型的各种问题进行编队。要尽量地把它们分类，找出它们之间的位置关系，总结出问题间的来龙去脉。就像我们欣赏一场团体操表演，我们不能只盯住一个人看，看他从哪儿跑到哪儿、都做了些什么动作。

5. 总结那些尚未归类的问题，作为备注进行补充说明。

6. 找一份适当的测验试卷。一定要计时测验。然后再对照答案，查漏补缺。

（四）主动改错，错不重犯

一定要重视改错工作，做到错不再犯。中职数学课没有那么多时间，除了少数几种典型错，其他错误，不能一一顾及。如果能及时改错，那么错误就可能转变为财富，成为不再犯这种错误的预防针。

但是，如果不能及时改错，这个错误就将形成一处隐患、一处"地雷"，迟早要惹祸。有的同学认为，自己考试成绩上不去，是因为自己做题太粗心。而且，自己特爱粗心。

一两次能正确地完成任务，并不能说明永远不出错。练习的数量不够，往往是学生出错的真正原因。大家一定要看到，如果自己的基础背景是地雷密布，隐患无穷，那么今后的数学将是难以学好的。

（五）图是中职数学的生命线

图是初等数学的生命线，能不能用图支撑思维活动是能否学好初等数学的关键。无论是几何还是代数，拿到题的第一件事都应该是画图。

有的时候，一些简单题只要把图画出来，答案就直接出来了。遇到难题时就更应该画图，图可以清楚地呈现出已知条件。而且解难题时至少一问画一个图，这样看起来清晰，做题的时候也好捋顺思路。

有了画图、用图的意识后，要具备画图的技能。有人说，画图还不简单啊，学数学有谁不会画图啊。还真不要小看这一点。很多同学画图没有好习惯，不会用画图工具。圆规、尺子不会用，画出图来非常难看。

不是要求大家把图画得多漂亮，而是清晰、干净、准确，这样才会对做题有帮助。改正一下自己在画图时的一些坏习惯，就能提高画图的能力。

最重要的，也是中职生最需要培养的就是解图能力。就是根据给定图形能否提炼出更多有用信息；反之亦然，根据已知条件能否画出准确图形。

学好数学的核心就是悟，悟就是理解，为了理解就要看做想。看笔记、做作业后的反思，章节的总结，改错误时得找原因，整理复习资料，在课外读物中开阔眼界……

这一系列的活动都是"悟"。要自觉去"悟"，就要提高主动性，做好学习计划，合理安排时间，制定好自己的长期的短期的目标。

三、创新学习方法，激发创新思维

（一）学生方面的方法

首先要明白什么是创新学习方法，就是在学习知识的过程中，不拘泥书本，不迷信权威，不墨守成规，以已有的知识为基础，结合学习的实践和对未来的设想，独立思考，大胆探索，别出心裁，标新立异，积极提出自己的新思路、新问题、新设计、新途径、新方法。

如果一个学生仅仅记住了数学的各种定理与公式，而不能把学到的知识用于发现新问题，不能解决实际问题，只学习教师讲的知识，只记忆书本上的知识，是远远不够的，应在课堂上学到的知识的基础上，勇于探索，善于创新。那就要求教师应在教学中引导和培养学生的好奇心理，这是唤起创新意识的起点和基础。

兴趣是最好的老师，兴趣是感情的体现，是学生学习的内在因素，事实上，只有感兴趣才能自觉地、主动地、竭尽全力地去观察它、思考它、探究它，才能最大限度地发挥学生的主观能动性，容易在学习中产生新的联想，或进行知识的移植，做出新的比较，综合出新的成果。也就是说强烈的兴趣是敢于冒险、敢于闯天下、敢于参与竞争的支撑，是创新思维的营养。

质疑—发现教学，是以智力多边互动为主的教与学相互作用的教学活动。质疑的指导思想是"以学生为中心"，多渠道地培养学生的创新能力，发挥学生的主体作用，让他们积极地参与学习的过程，做学习的主人，开启他们的创新思维的闸门。

根据创新的需要而选修知识，不搞烦琐的知识准备，与创新有用的就学，没有用的不学，直接进入创新之门。学生按照别人提供的模式样板进行模仿性学习，从而形成一定的品质、技能和行为习惯的学习方法。换句话说就是从"学会"到"会学"。

学生为了积极地掌握知识采用创新性的思维方式，对所接受的某项知识出处或源泉进行认真的探索和追溯，并经过分析、比较求证，从而掌握知识的整个体系，探源索隐学习法对于激发自己提出问题大有益处。

高效的学习要学会给自己定定目标（大、小、长、短），这样学习会有一个方向；学习后要学会梳理自身学习情况，以课本为基础，结合自己做的笔记、试卷、掌握的薄弱环节、存在的问题等，合理地分配时间，有针对性、具体地一点一点地去攻克、落实。

做题的时候要学会反思、归类，整理出对应的解题思路。遇到错的题（粗心做错也好，不会做也罢），最好能把这些错题收集起来，每个科目都建立一个独立的错题集（错题集要归类），当我们进行考前复习的时候，它们是重点复习对象，保证不在同样的问题上再出错、再丢分。

　　零打碎敲法，充分利用学习时间。为充分利用各种时间，除正常教室学习时间外，将别人忽视的走在路上的时间、吃饭的时间用来回顾当天的知识点，并且事先将知识点制作成卡片，在路上或吃饭时回忆不起来时，掏出看看，增强记忆效果。采用这一方法，轻松记住大量的定义公式。

　　直观印象法，对付难记的定义公式。有的定义、公式等十分生硬难记，对付这种硬骨头，创造一种直观印象法学习，即：将定义公式写在床头、饭桌、门上、窗上等睁眼就能看到的地方，这样许多知识不用经过费力的记忆就记住了。

　　由易入难法，层层攻克难题。由于基础知识差，在做高难度题时，遇到大量的困难，对学生自己的自信心形成极大的挫伤。为此，改变方法，通过先做简单题，再做难题的方法，将解题能力不断提高。

　　几种方法的综合运用，不仅迅速提高学习成绩，而且极大地提高学生的自信心，为学生将来迎接各种困难和挑战打下坚实的基础。

　　素质教育的核心是培养学生的实践能力和创造性思维能力。现代高科技人才的激烈竞争，归根结底就是创造性思维的竞争。什么是创造性思维？在课堂教学中应怎样培养学生创造性思维是非常值得研究的课题。所谓创造性思维是指人们在探索未知领域的活动过程中，用独特、新颖的思维方法，创造出有社会价值的新观点、新理论、新知识等，从而解决问题的一种思维过程。其实质就是求新、求异、求变，培养学生创造性思维，就是培养学生创新意识和创造能力，其最终目的是培养创造性人才。著名的美籍华人杨振宁教授曾指出，中外学生的主要差距在于，中国学生缺乏创新意识，创新能力有待于加强；而具有创造性思维能力的人才将是21世纪最具竞争力、最受欢迎的人才。因而培养学生的创造性思维是我们数学教师面临的重要挑战。

　　创新是一个人具备开拓精神、善于解决实践中各种问题最基本的、最重要的素质，在中职时代播下创新的种子，培养创造性思维是十分重要的。数学从诞生发展到今天，从未满足过已有的事实。从数的产生到无理数的发现，从解析几何的产生到微分几何的问世，从非欧几何的发现到计算机的发明，无不凝聚着古今中外数学家们的不懈追求、探索和创造。数学学科的发展以及教材中数学概念、定理、公式、法则的形成、建立和不断完善的过程，无不需要勇于开拓、执着追求和锐意创新的精神品质。数学学科本身的特点决定了数学教育不能离开创新教育，也只有坚持创新教育，才能把握数学学科的特点，真正学好数学，提高数学学习水平和数学学科水平。数学教育在创新教育中有不可替代的作用，而数学教育也须实施创新教育。数学创新教育的实质是培养和发展创造性思维，核心是在实施素质教育中研究如何培养创新意识、创新精神和创新能力的问题。我们所提的"创新"不同于科学家、艺术家的创新，而是指对学生施以教育和影响，使他们作为一个独立的个体，善于发现和认识有意义的新知识、新事物、新思想、新方法，能够掌握其中蕴含的基本规律，并具备相应的能力，为将来成为创新型人才奠定全面的素质基础。

（二）数学教师的方法

作为一名数学老师，只有爱护学生的好奇心，鼓励学生标新立异，敢于逾越常规，敢于想象猜测，敢于言别人所未言，做别人未做事情，敢于宁愿冒犯错误的风险，也不把自己束缚在一个狭小的框框内，学生的创造性思维才能得到培养和发展。就创造性思维及教学中如何培养学生创造性思维能力，谈谈笔者的一些看法。

1. 创造性思维及其特征

思维就是平常所说的思考，创造性思维就是与众不同的思考。数学教学中所研究的创造性思维，一般是指对思维主体来说是新颖独到的一种思维活动。它包括发现新事物、提示新规律、创造新方法、解决新问题等思维过程。尽管这种思维结果通常并不是首次发现或前所未有的，但一定是思维主体自身的首次发现或超越常规的思考。创造性思维就是创造力的核心。它具有独特性、求异性、批判性等思维特征，思考问题的突破常规和新颖独特是创造性思维的具体表现。这种思维能力是正常人经过培养可以具备的。

2. 培养创造性思维的教学模式

教学模式是在一定教学思想指导下所建立起来的、完成所提出教学任务的比较稳固的教学程序及其实施方法的策略体系。它是人们在长期教学实践中不断总结、改良教学而逐步形成的。它源于教学实践，又反过来指导教学实践，是影响教学的重要因素。要培养学生的创造性思维，就应该有与之相适应的、能促进创造性思维培养的教学模式，当前数学创新教学模式主要有以下几种形式。

（1）开放式教学

这种教学模式在通常情况下，都是由教师通过开放题的引进，学生参与下的解决，使学生在问题解决的过程中体验数学的本质，品尝进行创造性数学活动的乐趣的一种教学形式。开放题能给学生提供广阔的思维空间，为学生主动发展获取条件，进行创造性学习。开放式教学中的开放题一般有以下几个特点：

①结果开放。对于同一个问题可以有不同的结果。

②方法开放。学生可以用不同的方法解决这个问题，而不必根据固定的解题程序。

③思路开放。强调学生解决问题时的不同思路。只有教师的教学手段与方法开放，才能使学生的学习状态开放；只有抓住教学的时机，营造开放氛围，才能使开放题真正起到开放学生学习状态的作用；只有在开放的状态下审视问题，才能挖掘学生潜能，培养学生的创造性思维。

（2）活动式教学

这种教学模式主要是：让学生进行适合自己的数学活动，包括模型制作、游戏、行动、调查研究等方式，使学生在活动中认识数学、理解数学、热爱数学。

（3）探究式教学

这种教学模式是以探究为主，即指在教师引导下，以学生独立自主学习和合作讨论为前提，以现行教材为基本探究内容，为学生提供充分自由表达、质疑、探究、讨论问题的机会，学生通过个人、小组、集体等多种解难式尝试活动，将自己所学知识应用到了解实际问题的一种教学方式。对于这类知识的教学，通常是采用"发现式"的问题解决，引导学生主动参与，探索知识的形成、规律的发现、问题的解决等过程。这种教学尽管可能会耗时较多，但是，磨刀不误砍柴工，它对于学生形成数学的整体能力，发展创造性思维等都有极大的好处。

3. 培养学生的创造性思维能力的方法

想象力是人类根据已知的信息，通过创造性的分析，综合判断、推理和设想，产生新事物的形象思维活动。一个人的知识是静止的、封闭的、有限的，而想象力是运动的、开放的、无限的。如果把知识比作"金子"，那么想象力就是"点金术"，能使知识活化，能进行创造。在数学教学中，我们不能把事先准备好的知识一股脑儿塞进学生的脑子，捆住他们想象力、创造力的翅膀，而是应该千方百计使他们在学习过程中激发情思的飞越，让他们处于创造气氛之中，并引导学生进行数学想象，缩短解决问题的时间，获得数学发现的机会，锻炼数学思维，在有限的课堂内开拓学生无限的想象。

四、营造良好的课堂学习氛围

课堂气氛是在课堂教学过程中产生的，是教学活动顺利进行的心理基础，也是进行创造性教学的必要条件。课堂气氛是一个可以左右课堂教学活动效果的关键因素，课堂氛围营造的好坏直接决定着学生是否进入角色、教学任务是否完成。积极、良好的课堂气氛，会带给教师和学生愉悦的感受，使教师和学生双方精神焕发，思维活跃，灵感迸发；使教师教的最佳心理状态和学生学的最佳心理状态相吻合，激发了师生潜能的充分发挥，从而较好地完成教学任务。而消极的课堂气氛是一种消沉、紧张的氛围，会使学生情绪低落、思维反应迟钝、注意力转移，甚至会使学生产生厌学的情绪，从而严重地制约课堂教学有效性的提高。在中职数学课堂教学中，营造良好的课堂氛围，需要中职数学教师和学生建立平等和谐的师生关系；充分利用多媒体进行氛围的创设；创设恰当的教学情境，充分调动学生参与课堂的积极性等。下面，笔者结合多年教学实践，对如何营造一个良好的中职数学课堂氛围提出几点看法。

随着新课程改革的不断深化，中职数学课堂教学质量有了明显的改善，教师的教学方法与学生的学习方式有了质的转变，教师更注重创造性教学。课堂已经由传统的"灌输式"教学方式转化为以学生为主体的教学方式，而课堂氛围的营造是进行创造性教学的必要条件。目前，如何营造一个良好的中职数学课堂氛围成为全体中职数学教师必须面临的难题。那么如何在中职数学教学中营造一个轻松、愉快、积极的课堂氛围呢？

第一，建立平等和谐的师生关系。学校的教育活动是教师和学生双方共同的活动，教师是教育活动的主导者，是知识和学生之间的桥梁，学生是教学活动的对象，因此，良好的师生关系是教育教学活动取得成果的必要保证。和谐的师生关系可以激发学生学习数学的巨大热情；和谐的师生关系能增强教师威信；和谐的师生关系能有效地调动学生学习积极性，发掘学生的潜能，有利于学生的心理健康，有利于学生人际交往能力的发展。要营造一个轻松、愉快、积极的中职数学课堂氛围，需要教师和学生建立起良好的、融洽的师生关系。首先，数学教师在上课时或者课后要时常微笑。这样会拉近你和学生之间的距离，建立和谐的师生关系。其次，要尊重和信任学生。要尊重学生自尊心，公正平等地对待每一名学生，只有教师尊重学生，学生也才会尊重教师。教师要尊重学生的个性化差异，尊重学生的人格和价值并信任学生，让学生获得更强的学习自信心。再者，教师要爱护学生、帮助学生，教师对学生要有足够的耐心和细致的观察，善于换位思考，了解学生内心的想法，要用多种方式与学生沟通交流，帮助学生解决困难，缩短师生间的心理距离。只有这样，学生才会主动聆听教师的教诲，积极参与到教师相关的课堂中，愿意和教师互动，积极寻找问题的答案，一起营造良好的课堂学习氛围。

第二，充分利用多媒体设备活跃课堂气氛。随着计算机的日趋普及和计算机技术的飞速发展，信息技术已在课堂教学中得以广泛使用。在中职数学课堂教学中，充分利用多媒体对文字、图像、声音、动画等信息进行处理，进行多种方式的形象化教学，有利于学生集中注意力，活跃课堂气氛；有利于学生对教学内容的理解和掌握。充分利用多媒体等现代化教学手段进行氛围的创设，可以对学生视觉和听觉进行冲击，让学生迅速进入角色。例如，在中职数学几何立体教学中，一题多解的问题，可以在多媒体几何画板上展示所有的答案，让学生对号入座，还可以把几何的开放型题目做成动态型题目，使学生注意力高度集中，激发学生的求知欲，形成一个积极良好的氛围，充分调动学生的学习主动性。

第三，创设恰当的教学情境，充分调动学生参与课堂的积极性。"兴趣是最好的老师"，它是获取知识的内驱力。在教学中，通过创设情境，可以有效地激发学生的学习兴趣，为整节课奠定一个良好的学习氛围。为此，教师可创设生动活泼的学习情境，勾起学生的探究欲望，吸引他们以高度的热情投入课堂。在营造良好的课堂氛围时，可以结合中职数学教育的特点，在学习过程中，适当合理地引进生活中的实际问题，创设生活化的教学情境，有利于激发学生的学习欲望，诱发学生的学习兴趣与学习动机，激活学生思维，并且也让学生在切身体会中感悟新知识。

中职数学的教学，其实质是学生在教师的正确引导下，探究解决问题的办法，并进行创新的过程。在中职数学教学过程中，良好的教学氛围十分重要。因此，教师要注意积极地营造出良好的课堂氛围，这样才能有效地激发学生的学习积极性。在中职阶段，学生需要学习的科目较多，难度较大，整体学习压力较大。而且，很多学生都认为中职数学十分枯燥乏味，甚至晦涩难懂，学习积极性不高。加上数学本身具有较强的严谨性，因此实际课堂气氛往往会流于沉闷，无法调动起学生的学习积极性。所以，在课堂教学中，教师要善于营造一个宽松、愉悦的教学环境，民主、平等地对待学生，结合教材内容，联系学生日常生活中较为熟悉的各种数学问题展开教学，使用激励性语言，努力激发学生的兴趣，切实提高教学效果。

积极引导，充分发挥学生的主体地位。在教学过程中，学生是学习的主人，所有教学活动的开展都要紧密围绕学生这个中心。但是，在很多中职数学课堂教学活动中，教师仍然占据着主体地位，主宰着整个课堂。在这样的情况下，学生只能十分被动地、机械地跟随教师的脚步，接受教师对各种数学知识的讲授。教师这样做的结果导致学生无法高效地掌握所学内容。所以，教师要注意积极地转变自身的角色，充分保证学生的主体地位。时刻将自己放在服务者和引导者的位置上，并始终以学生为主体来开展各项教学活动。并积极地通过各种方式，为学生提供足够的发挥主体性的空间。例如，在课堂上，教师要注意和学生进行互动，并鼓励学生随时举手发表自己的意见。只有充分发挥学生的主体地位，学生的学习才能变被动为主动，他们才能真正成为学习的主人，学生的学习的积极主动性才能够得以最大限度的发挥，也才能够高效掌握所学知识。

精心设计，合理运用现代信息技术手段。信息技术在中职数学教学中的运用，能够形成动态的数学知识，帮助学生更好地理解有关知识，提高学生对问题的观察、分析和解决能力。随着新课程实验的深入，它呼唤课堂教学要走向现代化，取而代之的是现代信息技术手段的广泛应用：多媒体教学平台的使用、网络技术的应用等，一改以往只凭"一张嘴、一支粉笔、一本书"的传统的课堂教学模式。教学实践证明，运用现代信息技术手段，对改变学生学习数学的方式，激发学生学习数学的兴趣，提高课堂中职数学教学效率将产生重大的影响。运用现代信息技术手段教学不仅可以帮助学生理解数学概念、探索数学结论，还应鼓励学生使用现代技术手段处理繁杂的计算、解决实际问题，以取得更多的时间和精力去探索和发现数学的规律，培养创新精神和实践能力。

激励相伴，适时对学生的学习进行有效评价。中职数学课堂教学中，教师及时对学生的学习情况进行有效评价，有利于学生认知结构的发展，有利于进一步开发学生智力水平。在数学教学过程中，教师要建构多元化的评价方式，激发学生的学习积极性；要给予学生充分的思维空间，发展学生的学习能动性；要制定分层次的评价标准，实现评价过程的科学性。教师对学生的评价要建立在知识和技能评价的基础上，对学生的社会责任感、价值判断力、批判性思维能力和人生规划能力等状态进行评价。同时要考虑到学生的学习结果，要重视学生在此过程中的实践能力、合作交流能力、创新能力、探索精神等方面的评价。课后要调动学生数学探究的兴趣，鼓励他们用数学思想解决生活实际问题，以此评价他们对数学技能的掌握和运用能力。也只有这样，数学课堂教学才能有效促进学生的学习认知能力、发掘智力潜能，为学生综合素质的提高和发展创造良好的教育环境，才能够打造出真正的中职数学高效课堂。

五、加强师生、生生之间的沟通

现代教育认为，课堂教学除知识传递这条主线外，还有一条情感的主线。教学活动是在知识、情感两条主线相互作用、相互制约下完成的。教学过程既是师生信息传递、交流的双向过程，也是情感交流的双向过程。加强师生之间的情感交流，充分发挥认知与情感的相互作用，才能提高课堂教学效果，全面提高学生的素质。课堂教学不仅是知识信息的交流过程，也是情感信息的交流过程。教学中，师生情感交流的好坏，很大程度上决定着师生对教学内容的情感体验和师生之间的情感体验，而这种体验直接影响着课堂教学的质量。因此教师要注重师生间的情感交流。或以形传情，使学生感受到教师的亲切；或以情传情，以教师之情感染学生之情；或以声传情，以自己的语言艺术吸引学生。感情的力量是强大的，积极的情感能调动学生的学习积极性，有利于优化课堂教学，提高课堂教学效果。

亲其师，才能信其道。师生关系是以基本的人性观为前提的。现代教育观认为人的本性是积极的、向上的，具有生长与进取的潜力，教育的目的是开发人的潜能，促进人的健全发展。因此，我们应重视师生情感的交流，建立新型的师生关系，培养学习的兴趣。

合作的师生关系。合作要求教师不以教育者自居，不以强制的手段——训斥、羞辱、向家长告状等来强迫学生服从教师的意志。强制性的教育，很容易伤害学生的自信心、自尊心，引起学生对教师的反感甚至恐惧，也容易扼杀学生学习的兴趣。合作就意味着教师和学生在人格上是完全平等的。

和谐的师生关系。和谐是指师生之间的情感联系，爱是其中的核心要素。爱需要教师对学生倾注相当的热情，对其各方面给予关注，对于学习有困难的学生尤为如此。爱是将教学中存在的师生的"我"与"你"的关系，变成了"我们"的关系。爱使教师与学生相互依存中取得心灵的沟通，共同分享成功的欢乐，分担挫折的烦恼。和谐的师生关系，是促进学生学习的强劲动力。

互动的师生关系。从社会学的观点来看，教学过程是一种师生交互作用的历程，师生互动的性质和质量，在一定程度上对教学活动的效果起着决定性的影响，因为在教学活动中，教师总是由一定的观念（诸如教育观、学生观、质量观等）支配其教学行为，对学生施加影响。而学生也会根据自己的价值取向和需要，理解、接受教师的影响，并在行动上做出反应。学生的反应又进一步强化或者修正教师原有的教育观念与行为。所以，师生互动构成了教学活动中的正反馈机制。通过反馈可以加强正效应，也可以加剧负效应。例如：教师教学有热情、有方法→学生学习主动、学习成绩提高→教师更受鼓舞与鞭策、教学上更加精益求精。这就是师生互动的正效应。

融洽的师生关系。教育是充满情感和爱的事业，教师应多与学生进行情感方面的交流，做学生的知心朋友，甚至与学生建立起母女般、父子般或姐妹兄弟般的融洽的师生关系，让学生觉得老师是最值得信任的人，跟老师无话不说、无事不谈，达到师生关系的最佳状态。

教学不仅是教与学的关系，同时也是师生双方思想和感情的交流过程。师生关系直接影响和制约着学生的情感和意志，影响学生的认知活动。一般来说，学生对某位教师喜欢，其课堂气氛就会显得活跃，学生的学习兴趣就会油然而生。因此，教师要重视感情的投入，以自己真诚的爱唤起学生的情感共鸣。教师要通过自己的言行、表情传递给学生亲切、鼓励、信任、尊重的情感信息，使得学生不怕出错误。重视学生情感因素对学生的影响，想方设法让学生保持良好的心境，保护学生的自信心，这对培养和保持学生的学习兴趣有很大的作用。学生初学时都兴趣盎然，但随着时间的推移、知识容量的增多、学习难度的加大，兴趣的保持程度则会因人而异，出现差异，有的学生甚至会完全丧失兴趣。针对这一正常现象，我们不能抱"天要下雨，娘要嫁人"的态度，而应该多关心鼓励、多给予实际行动上的帮助，从众多方面着手，要防微杜渐，更要亡羊补牢。

在教育现实中，始终存在着一种森严的等级关系。师生之间缺少必要沟通，只是在有限的时间内进行一种刻板而正规的活动，导致目前师生关系紧张，现状令人担忧。因此，在新时期下，如何加强师生之间的交流，尤其是班主任和学生之间的交流，显得尤为重要。要变革师生关系，必须重视师生之间的情感交流，努力克服目前师生之间普遍存在的情感障碍，充分发挥教师在师生情感交流中的主导作用。

以教师的人格魅力来感染学生。爱美之心，人皆有之，不仅美的自然、美的事物，而且美的外貌、美的心灵皆能引起人的愉悦体验。教师的容貌、衣着、仪表、风度等，往往构成学生社会认知中"第一印象"的重要内容，形成师生交往中的"首因效应"。而最重要的是教师的人格美，他的公正、真诚、热情、开朗、宽容、友善、幽默等个性品质是吸引学生的最为重要的内在因素。人格的伟大，不仅能激起学生的尊敬，而且能融化学生心灵的冰，塑造健全的人格。应该强调的是，教师要想使自己的人格富有感染力，更重要的是还必须做一个堂堂正正的人。教师的纪律可以简单地说：要求学生做到的，教师必须先做到；要求学生不做的自己带头不做。

在严爱中注意理解、尊重学生。俗话说"严是爱，松是害""严师出高徒"，因此，许多优秀的教师对待学生都较为严格，因为这也是爱学生的一种表现，但严爱当头，要讲究方法与艺术，尤其是要理解和尊重学生，如此方能让学生体会到爱，体会到教师的期望，从而促进其人格发展，各方面全面发展。相反地，如果教师只是一味地严格要求学生，没有把握好分寸，则很容易导致师生之间的矛盾激化。严格要求学生应以充分尊重学生为基础，只有教师关心人的尊严感，才能使学生通过学习而受到教育。教育的核心就其本质而言，就在于让儿童始终体验到自己的尊严感。心理学的测量表明：一个小孩从出生之日起，便具有了多种潜意识，其中包括受人尊重的本能。这些都说明了尊重学生的重要性。毋庸置疑，作为班主任对学生的严格管理是必要的。学生对教师的批评感受到的不仅是合乎情理的严格，而且是充满人情味的关切。只有做到这些才会起到事半功倍的良好育人效果。

利用"班主任周记"进行心灵的沟通。师生社会角色不同，看问题的角度不一样，难免在一些问题上会形成意见上的不一，甚至构成矛盾、冲突与对立。如果沟通无门、分歧过大，便有可能造成严重的人际隔阂。为此，教师应善于通过多种渠道和方式了解学生对自己的工作以及对班级、学校活动的意见看法，采纳合理的建议，求同存异。师生之间的心灵沟通是非常重要的。

良好的沟通就是信息及思想的交换，以达到互相了解互相信任的目的。建立良好的师生关系，沟通显得尤为重要，校长管理教师需要沟通，教师管理学生也需要沟通。在大力提倡素质教育的今天，学生的有效管理再也不是仅凭简单的表扬、批评、惩罚就能做到的。师生关系中教师的主体地位和一言堂已经不能被学生接受，良好的师生关系必须建立在有效沟通的基础上。

加强师生沟通交流的方法。成功的教学依赖师生间真诚的理解与信任。师生沟通是双向的，教师与学生的交流不能只对学生提要求，而不管学生的反应。教师应放下架子，站在学生的立场，多考虑学生的心理感受，这样才能与学生平等交流：①多表扬少批评。表扬和赞美是最有效的激励方式，能够最大限度地保护学生的自尊心。赞美也是一种沟通，鼓掌也是对学生的有力赞美。当学生做得对做得好时及时地表扬与赞美，最大限度地激励学生，对学生来说如同沙漠中的甘泉，在师生沟通中会起到事半功倍的效果。确实需要批评的也要注意方式和方法、艺术、委婉地批评，在一种轻松的氛围中以友善的口吻与学生沟通。②多倾听少责难。倾听是一种很好的沟通技巧，多倾听可以让教师获取大量信息，可以了解学生的思想状态，及时发现学生思想或行为上存在的问题，防患于未然。教师多倾听学生的心声，有助于学生发泄不良情绪，建立良好的师生关系。③沟通方式多样化。师生沟通方式有很多，不一定只有面对面一种方式。学生存在个性差异，不一定每个学生都能接受面对面的沟通。有些学生对教师有天生的畏惧感，在教师面前可能一句话也说不出来，有时候为了避免冲突和尴尬，在通信技术发达的今天教师可采取纸条、短信、QQ、微信等方式来进行沟通。④师生联谊活动促沟通。丰富的校园活动也是师生交流的重要阵地，利用游戏、比赛、参观、春秋游等活动来吸引教师与学生的共同参与，适时对学生进行正确引导，让师生沟通变得自然顺畅，促进师生沟通。

学校是教师和学生组成的，没有很复杂的构成元素，良好的师生关系能传递和谐积极的信息，紧张、生硬的师生关系只能对学生产生消极的影响。作为传道、授业、解惑的教师，与学生进行有效沟通会使整个教学工作顺利进行。用尊重、平等和爱心与学生沟通，定能唤醒他们，超越别人，超越自己，实现心中的梦想。

六、作业中培养学生的数学思维

新课程标准下，我们必须将"作业布置"转向"作业设计"，避免那些机械、重复、乏味的低效作业。

（一）设计作业情境，培养数学思维的敏捷性

数学思维的敏捷性具有直觉的成分，通过直觉思维，得到简捷的解题思路。根据知识点创设有效的问题情境，在不同的情境下产生不同的思维方式，用可感知的事物来实现由直观到抽象思维"的飞跃，然后用理性认识去解决实际问题。让学生对同一类问题进行思考和研究，并进行提升练习。

（二）改变作业基本图形，培养数学思维的深刻性

数学思维的深刻性表现在善于掌握数学材料间的逻辑结构，形成正确的推理与判断。一道常规的几何数学问题，改变基本图形，改变条件或部分结论，便为学生创设了新的探究情境。设计作业情境，培养数学思维的敏捷性；改变作业基本图形，培养数学思维的深刻性；设计易混易错的对比作业，培养数学思维的批判性；改变问题设问设计作业，培养数学思维的灵活性；注重提炼生活素材设计作业，培养数学思维的创造性。

（三）设计易混易错的对比作业，培养数学思维的批判性

思维的批判性表现在善于洞察解题过程中出现的错误与漏洞，并能对思维过程做出正确的评价。设计易混易错的对比型作业是教学中常用的方法。为培养学

生的分析辨别能力，教师须精心设计一些对比性练习，使学生在偏误中争辩，在比较中认清概念的内涵与外延，形成正确的概念，提高分析问题、解决问题的能力，学生才能主动地观察、对比、分析、发现，从而培养数学思维的批判性。

（四）改变问题设问设计作业，培养数学思维的灵活性

改变问题设问重点在于对某个问题进行多层次、多角度、多方位的探索，经过精心雕琢，每一问每一变都有它的理论依据，体现出题目间的层层递进、环环相扣。逐步引导学生探究，从而感悟数学的分类讨论思想，培养学生的灵活性思维。

第五章 中职生数学学科核心素养的培养

第一节 培养中职生数学抽象素养的教学策略

抽象是数学的本质特征，也是学生建构数学知识的一个必然过程。比如，由现实生活中的实际问题抽象出经络图，由力抽象出向量，由力的分解与合成抽象出向量的分解与合成。数学抽象作为数学的基本思想之一，在学生的数学学习中具有举足轻重的作用。在培养中职生数学核心素养的过程中，要促使学生更好地理解数学知识，把握数学本质，以及逐渐养成用数学抽象的思维方式思考问题的习惯，并将其运用到其他学科的学习中。基于数学核心素养视角下的数学抽象，对于学生学习数学具有重要的意义。抽象是最高的数学核心素养。

一、具体结合感性，感悟抽象内涵

（一）利用概念的过程性，发展学生的数学抽象能力

概念是从一般事物中抽象出的事物的本质特征和属性。所以，形成数学概念的过程，即对不同形式的数学关系进行抽象概括总结，最终抽象概括出一般性的一个过程。在数学概念教学中，大部分教师多选择概念同化教学模式，这种教学模式简洁、有效，并且教学过程简单明了，使学生可以直接获得数学概念。但是这种数学概念教学模式侧重于概念自身的逻辑关系，忽略数学概念所具有的现实背景以及与现实世界的联系，使数学概念的抽象性更高。在数学概念的教学过程中，教师应该注重将概念产生的背景、概念形成的过程与学生的实际生活相联系，回归到学生的现实生活中，让学生能够感受到数学概念的抽象性，至少让学生能够从具体事物的形象出发，这样学生可以更好地构建数学知识。

（二）联系概念产生的背景——以"等差数列概念"为例

在等差数列概念的教学中，教科书中给出在现实生活中经常遇到的四个数列模型，其实就是给出了等差数列的现实背景，以此来让学生感受日常生活中等差数列的广泛应用。通过四个模型得到了四个数列，接下来教科书给学生一定的思考和探索的时间与空间，让他们通过自己的观察发现这四个数列都具有"相邻两项之差为同一个常数"的特点。

通过四个模型得到的四个数列如下：

（1）0，5，10，20，25，30。

（2）48，53，58，63，68。

（3）18，15.5，13，10.5，8，5.5。

（4）10072，10144，10216，10288，10360。

在教学过程中，教师要充分利用这四个实例，如果有必要可以再补充一些具体的实例，先引导学生逐一观察这四个数列，尝试抽象概括出它们的共同特点。要注意的是，一方面要引导学生观察相邻两项的关系；另一方面要结合对这四个数列的具体探索，让学生发现这四个数列都具有相邻两项之差为同一个常数的特点。最后让学生尝试用自己的语言描述等差数列的特征。

教师给出等差数列的定义，让学生检验自己抽象概括出的等差数列特点是否正确。至此，等差数列的概念，就从具体实例中抽象概括出来了。另外，教师可以让学生尝试用递推公式来描述等差数列的定义，即 $a_{n+1} - a_n = d(n = 1, 2, 3, \cdots)$，为下面等差数列通项公式的教学做好铺垫。

（三）利用定理的过程性，发展学生的数学抽象能力

概念、定理等的讲解都比较抽象，教师可以向学生展示大量生活中的具体实例，让学生先有一个直观的感受，再抽象出数学符号或者数学语言，这样学生接受起来就比较容易了。

数学学科的抽象性导致了它必须以将具体的形式呈现给学生为前提。数学内容的抽象性通常使得人们不容易注意到它们与具体内容之间的联系，所以在教学时教师务必要以翔实的具体内容为重中之重。中职生发展思维的能力正处于以经

验型抽象思维为主慢慢向理论型抽象思维转换的阶段，逻辑思维能力还处于提高阶段中，接受能力不足，所以如果完全按照数学学科的精密逻辑性和缜密抽象性去进行教学收效甚微。因此，为了让学生更好地消化一些抽象的概念和命题，教师可以在教学过程中由具体实例启发，将直观具体和抽象感性的事物结合起来，罗列一些学生熟悉的例子。

在攻克数学抽象问题上，直观感性始终是第一要点。"数"与"形"是描述事物本质的两个重要方面，"数"往往抽象难懂且需要理性思维，"形"一般形象直观。正所谓"数缺形时少直观，形少数时难入微；数形结合百般好，隔离分家万事休"，在中职数学中建立数与形之间的一一相对关系是解决问题的重要手段之一。通过"以形助数"或"以数解形"加上抽象思维与形象思维，能使复杂问题简单化、抽象问题具体化，然后达到优化解题途径的目标。史宁中先生将数学抽象划分为数量与数量关系的抽象、图形与图形关系的抽象以及虚拟与现实关系的抽象。以下本书从这三个方面分别列举教学片段：

教学片段 1：已知函数 $f(x)$ 定义域为 R，请你说出对表达式 $f(a+x)=f(b-x)$ 与 $f(a+x)+f(b-x)$ 的理解。

设计意图：函数中有很多抽象代数式，这些式子蕴藏了函数的某些数学性质，但却让学生一头雾水。教学时教师可以从抽象代数式入手，借助图形化的手段让学生思考抽象代数式的含义，将抽象问题结合具体图像来理解，培养学生的数形结合思想，提高数学抽象素养。

分析：观察 $f(a+x)=f(b-x)$，我们知道 a、b 是两个常数，对于任意的 x，取自变量 $x_1=a+x$，$x_2=b-x$，它们对应的函数值相同，可以借用二次函数模型画出其图像。

当抽象代数式 $f(a+x)=f(b-x)$ 成立时，x_1 与 x_2 到它们的中点 $\left(\dfrac{a+b}{2},0\right)$ 的距离相等。并且随着 x 的变换，x_1 与 x_2 的函数值恒等。从而根据其运动轨迹可得函数 $f(x)$ 关于直线 $x=\dfrac{a+b}{2}$ 成轴对称。

类似地，教师可以给学生来个变式：对定义域为全体实数的函数而言，$f(a+x)+f(b-x)=0$ 的含义是什么呢？取自变量 $x_1=a+x$，$x_2=b-x$。由表达式我们

可以看出 $f(a+x)$ 与 $f(b-x)$ 互为相反数，所以对于任意的 x，我们可以进行猜想。

通过猜想可以发现，抽象代数式 $f(a+x)+f(b-x)=0$ 中所表示的含义是：x_1 与 x_2 到它们的中点 $x=\dfrac{a+b}{2}$ 等距离，且随着 x 的变换，x_1 与 x_2 的函数值恒为相反数。从而根据其运动轨迹可知函数 $f(x)$ 关于点 $\left(\dfrac{a+b}{2},\ 0\right)$ 成中心对称。

上述分析过程不仅是图形化思路的渗透，还是由特殊到一般的化归思想的普及。学生在遇到类似这样的抽象代数式时，可以利用图像辅助学习，结合直观材料与感性素材，进而加强对抽象代数式的理解。

教师还可以给出变式，促进学生思维的发散。对于函数中许多抽象的代数式，如描述对称性、周期性、奇偶性等，均可以依赖图形化思想的实践来研究。将代数式的含义理解到位，对于同类问题就能有全面的理解，从而提高数学抽象核心素养。

相反，几何图形虽然有形象、直观的优点，但在定量方面必须借助代数式的运算；反过来看，用数论形，可以让学生理解图形几何意义下的数量关系。在中职数学中用向量法解立体几何问题就是典型的例子，它通过建立空间直角坐标系把线线垂直和平行转化为向量垂直和平行的代数表达式，把线面垂直和平行转化为线面中向量平行和垂直的代数形式，进而把几何问题转化为代数问题求解。

数学抽象素养不是一朝一夕培养的，由于数学本身的抽象性和数学抽象的综合性，数学抽象在中职数学教材中的体现更是凤毛麟角，这就导致学生难以适应中职数学的抽象部分，没有办法在学习新知识的同时建立它与所学知识之间的联系。这时，教师应该加强引导，制造机会让学生在学习新知识前先巩固相关的前置知识。习题课便是一个很好的平台。教师在讲解前可先给出一道等比数列和解不等式的例题，让学生在经历了一次简单的知识复习之后再来看这道题，这样学生脑海中的图式会更易生成，学生也更能理解建立数列模型的作用。

二、注重观察、分析、类比等活动经验的积累

数学概念的掌握、数学法则的建立、数学规律的探索、数学定理的归纳、问题策略的提炼往往都需要学生经历完整的抽象活动。教师应该尽可能地引导学生

进行观察、分析、类比、猜想、概括，这有助于学生思维的开阔和发散，有助于学生在综合的情境中去构建数学知识与现实世界的模型。观察、分析、类比有多种来源，可以结合具体的情境，可以结合图像，也可以在活动中进行。在具体的课堂教学中，教师可以多开展数学建模活动与数学探究活动，在数学活动中充分调动学生的积极性与自发性，让学生经历抽象的全过程，以培养其数学抽象素养。例如，讲解幂函数、等比数列等抽象概念时均可以引导学生观察、分析、类比得出。

例如，在等比数列的学习中，教师给出数列 1，2，4，8，…，学生观察可发现数列中的各项在增大，且每一项与前一项的比值为 2。再给出数列 1，$\frac{1}{2}$，$\frac{1}{4}$，$\frac{1}{8}$，…，学生又可发现这一数列中各项在减小，每一项都是前一项的一半。此时学生感知、观察、辨别这两个数列的共同属性，发现数列各项在增大或减小，每一项都是前一项的相同倍数。接着教师再列举数列 1，−2，4，−8，…，此数列的各项不是呈规律性的增大或减小，而是像钟摆一样做简谐运动，且每一项与前一项的比值为−2。归纳、类比、抽象出这三个数列的本质属性，即每一项与前一项的比为一个定常数，且常数比不同，数列单调性不同。此时将等比数列推广到一般，概括形成数学概念，用数学语言表达，看学生能否观察和分析得出等比数列定义所隐含的条件，即各项都不能为 0。练习时可结合实际生活中存在的问题和现象，如细胞分裂、病毒传播、银行利息等，加强学生抽象能力的锻炼和加深学生对等比数列本质属性的理解。

三、结合其他数学素养，实现共同繁荣

中职生的认知结构已经进入形式运算阶段，思维发展到可以脱离具体内容和现实的影响，而达到抽象逻辑推理水平。因为数学各个核心素养之间相互交融，形成一个有机整体，所以在培养数学抽象素养的同时结合其他数学素养，会产生事半功倍的效果。

（一）数学抽象与数学建模

数学建模就是对现实问题进行数学抽象，用数学语言表达问题，用数学知识

与方法建构模型解决问题。通俗来说，就是选取并使用一定的模型对客观现实对象进行分析处理的过程。关于模型，它是一个对象的表述性和规定性的体现，人们可以通过具体的模型获得抽象的感性认知。所谓数学模型，也是这样的一种对事物某种特性的体现，只不过在其建构过程中使用更多的是数学的语言和方法，对现实问题的抽象与简化也更多表现在量的关系上。虽然数学模型只是实际对象的一种近似反映，并且这种反映只能体现在一些数量关系上，但正是这种反映实现了由现实问题向数学问题的转换，为相关数学工具的运用以及实际问题的深化奠定了坚实的基础，所以数学抽象可以被看作数学建模的前提。要想培养中职生的数学抽象素养，从重要的模型入手不失为一个好方法。数学抽象素养在函数教学中的培养离不开从重要函数模型入手，加强重要函数模型中相关问题的理解和运用，从而提高其抽象素养。

（二）数学抽象与数学推理

数学抽象与数学的逻辑思考能力之间有着密切的关联，如果一个人不具有清晰的逻辑是不可能具备抽象思考能力的，但数学的抽象思考概念又与直观逻辑思维观念有着明显区别。推理包括推理证明和数、式的演算，而这些形式化的过程与数学抽象密不可分。数学的发展往往是从现实中抽象出最基本的公理体系，按照逻辑推理、演绎证明逐步建立起数学大厦，如欧几里得几何学体现了严密的逻辑思维过程，哥德巴赫猜想、同色三角形问题都是抽象思维的成功典范。教师可将数学文化与数学故事多融入课堂教学，让学生在学习知识的同时感悟数学的意义。

（三）数学抽象与数学概括

概括是指从某类个别对象中抽取出共同的属性，推广到该类一般化对象，最后形成普遍认识的一种逻辑方法。概括是人类思想经验的应用产物，是一种方法、活动和能力。基于数学学科的概括通常是通过减少概念的内涵来扩大概念的外延，由特殊推广到一般，由种概念到属概念，从而建立起数学知识框架的一种思维过程。由此可见，数学抽象与数学概括是有交集的。典型例子是数系的扩充：从自然数、整数、有理数到实数再到复数。每一次的扩充既要包含原来的数集，又要保持原有的运算规律和序的性质。数学概括与数学抽象往往被放在一起阐述，叫作抽象概括，尤其是在教育家谈及数学思维（思维方法、思维过程、思维能力）的时候。虽然数学概括没有作为一种素养被单独提出，但现行的中职数学课程标准也明确指出要提高数学抽象概括能力，可见数学概括是很重要的，并且它与数学抽象是相联系的。课堂上，学生需要将新的情境和问题与已学知识相联系，将实际问题抽象成数学问题然后进行解答。在这个过程中，学生的抽象概括能力可以得到充分锻炼。教师在实践中可以多采用变式教学和探究性问题来培养学生的抽象概括能力，从而使学生的数学抽象素养也得到提升。

综上所述，每一种素养的形成其实和数学抽象素养的发展是同步的，在注重数学抽象能力的同时需要关注其他数学素养的形成。

（四）基于数学抽象素养的中职教学设计

教学设计是指教师为达成一定的教学目标，对教学活动进行系统规划的一门设计科学，是在课前对教学过程做的准备工作的设计规划。基于数学抽象素养的教学设计致力于解决教什么、怎样教的问题，就横向来看，学生的数学抽象是需要某个目标作为导向的，目标如何来？教师创设恰当的情境，使学生感知和识别对象的外部属性，然后把这种具有不变性的要素属性分离出来，构建具备某种属性的模型，实现对象的分离和纯化，突出本质特征；在此基础上把这种分离出来的属性一般化为某一类或特殊化成某一种，用数学符号和数学语言予以表征；与此同时，教师将学生自主表征出的概念或定理规范化，进行归纳总结，使学生进行意义建构；最后，在教师的指导下，学生用逻辑方法建立知识之间的联系，达到抽象出属性的目的，形成数学系统。以平面向量概念的抽象为例，首先教师给出情境：人的重力是垂直于水平面的，那么这种量具有什么特点？学生感知情境，识别到与物理中的矢量类似，并分离出其本质特征——具有方向的线段；接着把箭头抽象成为一点，可以发现这种量既有线段长度，又有方向，突出了本质；把线段长抽象为一点，则该量长度为 0；保证两个线段长度相同，方向相同，则二者平行……学生给出定义和表征，教师在此基础上归纳总结，给出平面向量既有方向又有大小的概念，并用数学符号 a 将其简约化。最后，学生梳理整合平面向量的概念及其相关性质，教师在此基础上进行变式训练，促进学生用逻辑推理得到相关知识体系。

第二节　培养中职生数学直观想象素养的教学策略

直观想象素养是借助空间想象感知事物的形态与变化。即直观想象素养是基于直观所获得感性认识而展开想象，其中想象是对客观事物几何形式的抽象思维活动。直观想象是中职数学核心素养六要素之一，在培养中职生直观想象核心素养的过程中要培养学生几何直观以及空间想象能力，增强学生运用图形和空间想象思考问题的意识，逐步提升学生的数形结合能力，以及感悟事物本质的能力，培养学生的创新思维。

一、注重应用情境创设，关注学习信心的建立

在"向量与几何"知识的学习中，向量工具的"双重性"、立体几何的空间抽象性、解析几何的运算繁杂性……无不让许多学生望而生畏，学生在学习过程中常常感觉接受难度大，失去解决问题的信心与勇气。

以平面解析几何为例，解析几何是渗透数形结合思想的主要模块，其中圆锥曲线更是揭示几何直观的重要知识载体，然而由于应试教育的影响，圆锥曲线在实际教学过程中往往沦为题海战术的"主战场"，再加上大量繁杂的运算，圆锥曲线也成为学生丧失学习信心的"重灾区"。学生在该部分普遍失分较多，测试后学生的反馈也反映出学生在解决解析几何问题上普遍有畏难情绪。

题海战术往往造成学生只会"纸上谈兵"，将知识与生活实际相互割裂，失去学习数学的兴趣与信心，因此教师在教学中要关注学生学习信心的建立，注重创设知识的应用情境。

例如，对于圆锥曲线中椭圆的教学，需要注重其应用价值，可以以著名的"西西里岛窃听者的故事"引入，揭示椭圆中的光学性质：从椭圆的一个焦点发出的声波，经椭圆反射后都汇集到另一个焦点。由此激发学生对椭圆焦点、法线等位置关系的好奇及兴趣，引导学生感受圆锥曲线中的无限乐趣与奥秘，体会椭圆中的几何直观，感受椭圆在实际生活中的应用，克服谈"圆锥"色变的畏难心理，引导学生学会"用数学的眼光观察世界"。

二、注重信息技术的运用，深化概念本质的理解

数学概念是构建数学大厦的基石，理解概念的本质是正确思维的重要保证，不同于函数知识中的许多过程性概念，在"向量与几何"知识中，许多概念皆是图形概念与关系概念。例如，空间中柱、锥、台、球等几何体的图形概念，点与线、线与面、面与面等位置关系的关系概念。对于这些概念的理解无不伴随着几何图式，一方面这些图式的直观表象有助于学生理解与记忆相关概念，但另一方面若表象失真则往往造成学生对概念一知半解、似懂非懂，甚至混淆概念。部分学生由于对空间直线与平面夹角的概念理解产生偏差而失分，这也在一定程度上反映了学生利用直观想象理解概念的能力较为欠缺。

对于概念的理解，重点在于对其本质的理解。对于"向量与几何"知识中大量的图形概念，教师在教学过程中更要关注学生"空间感知—空间表象—空间想象"这一过程的建立。在"互联网+"时代，教师可通过现代信息技术（如几何画板）的使用，积极创设条件，促进学生在直观感知的基础上深化对概念本质的理解。

例如，在立体几何中"直线与平面的夹角"的学习是促进学生空间想象力发展的一个重要知识载体，然而对其概念"斜线和它在平面上的射影的夹角称为斜线和平面的夹角"的理解，学生往往会产生错误的图形表象而存在偏颇。鉴于此，教师在教学过程中可借助几何画板等信息技术的应用，帮助学生从竖直平面、水平平面、倾斜平面等不同角度动态地认识直线与平面的夹角，通过动态的过程演示静态抽象的夹角概念，化静为动，深化学生对直线与平面的夹角这一空间位置的理解。

这样学生对直线与平面的夹角的概念就有了较为深刻的理解，在此基础上，教师还可以进一步引导学生思考：过斜线上一点的直线在平面内的射影有几种情况？两条平行直线在同一个平面内的射影可能是哪些图形？两条异面直线在一个平面的射影的可能情况是什么？通过构造问题串发散学生的思维，激发学生的学习兴趣，并给予学生充裕的时间用数学语言讨论交流。最后，综合学生的交流讨论过程。教师可借助几何画板给出总结，深化学生对射影以及线面夹角概念本质的理解，引导学生会"用数学的思维分析世界"。

三、注重数学语言互译，加强数形结合思想的渗透

建立数与形的联系是直观想象素养的重要组成部分，数形结合思想渗透于"向量与几何"知识的各个领域，如向量线性运算的几何意义与代数意义的对应、空间向量与立体几何中数与形的对应、解析几何中曲线与方程的对应，无不蕴含着数形结合的思想。

数形结合思想本质上是代数表示与图形表示的相互转化，即数学语言之间的转换。数学语言是数学思维的重要载体，它包括符号语言、文字语言以及图形语言，这三种语言以不同形态表征同一个知识内容，在数学学习过程中，这三种语言相互对应，共同促进学生对于数学的理解，提高"翻译"三种语言的能力是提高数形结合能力的前提保证。

鉴于此，教师在教学过程中，应注重培养学生三种语言互译的能力，引导学生全面地认识形与数之间的对应，由几何直观揭示代数性质，由代数表示几何图形的结构特征。

例如，学习立体几何核心定理之一的三垂线定理时，如何把握垂线、射影、直线三者的关系一直是困扰学生的知识难点，因此教师在教学过程中可引导学生用不同数学语言来表征定理中所涉及的四条直线与一个平面的关系，从而加强学生对数形结合思想的渗透。

通过熟练转化语言，结合三垂线定理的逆定理，直观感知三垂线中一个平面、三个垂直关系以及四条直线之间的关系，并内化为数学语言与图形表象，从而促进学生透彻理解三垂线定理。在教学过程中，教师要关注学生"由图读数"和"为数配图"能力的培养，强化学生数学语言互译的训练，加强数形结合思想的渗透，由此构建数与形的联系，进而提升学生的直观想象素养。

四、注重实物模型演示，增进空间想象能力的发展

空间想象能力是直观想象素养的重要组成部分，空间想象能力的培养是学生直观想象素养水平提升的前提保障。空间想象力是人们的抽象思维品质，而众所周知的是，形象化的实物模型对于抽象的几何概念的学习有着举足轻重的作用。因此，在教学过程中，教师要注重借助实物模型，促进学生对空间几何体的认

识，历经直观感知—直观表象—直观想象的过程，从而发展学生的空间想象能力。

以空间几何体的三视图为例，就知识层面而言，空间几何体的三视图是平面图形，用二维平面来刻画几何体的结构特征。其中，三视图与几何体的相互转化，即利用简单几何体得到三视图以及根据三视图还原得到几何体这一"双向"的过程，更是将直观想象素养体现得淋漓尽致。

对于三视图的教学，首先，教师可通过"猜谜游戏"，即教师准备一个简单几何体的实物模型，并用纸遮挡起来，依次给出几何体的正视图、侧视图、俯视图，引导学生猜出该几何体的名称，激发学生的求知欲；其次，教师可通过构建长方体模型，根据三种不同的投影视角引出三视图的定义，并引导学生观察不规则图形，做出其三视图，促进学生从三维到二维空间想象能力的培养；再次，将简单几何体的三视图通过变换放置方式的形式，引导学生想象其直观图，培养学生从二维到三维的空间想象能力；最后，引导学生联系生活实际，动手制作生活中实物的几何体模型，并画出该组合体的三视图。学生通过从实物模型中抽象出空间几何图形，进一步将高维立体图形转化为低维三视图，这一过程增进了学生空间想象能力和数学抽象能力的发展，由此促进学生直观想象素养的发展。

五、注重数学表达训练，促进数学交流能力的培养

培养学生的数学素养，不仅仅停留于知识与技能的培养，更需要注重学生表达与交流能力的培养，学生形成会"看数学"、会"读数学"、会"写数学"和会"讨论数学"的能力对于学生数学素养的提升是至关重要的。通过表达与交流，学生加深对数学的认识与理解，丰富认知的外延，感悟数学语言的简洁美。因此，在教学过程中，教师要给予学生充分表达自己的机会，注重学生规范化数学表达的训练。

例如，在平面向量概念教学中，由于平面向量是抽象的自由向量，所以教师首先应充分调动学生的主观能动性，通过物理的力、速度等具体模型引出向量概念，引导学生用规范化的数学语言表达向量的几何意义与代数意义；其次，基于向量的物理意义，教师应引导学生进行建模活动，运用数学语言，表述建模过程中的问题以及问题解决的过程与结果，形成研究报告，并进行交流；最后，组织

学生收集向量的发展史，撰写关于"向量及其符号"小论文，将数学文化融入数学知识中，丰富学生对于向量内涵的理解与认识。通过一系列数学表达的规范化训练，促进学生数学交流能力的培养，引导学生会用数学的语言表达世界。

第三节　培养中职生数学推理能力素养的教学策略

一、中职生数学推理能力培养的建议

针对如何有效培养中职生的数学推理能力，已有很多学者进行了深入而广泛的研究，并提出了许多行之有效的策略。影响中职生数学推理能力发展的原因是多方面的，因此对中职生数学推理能力的培养也应从多个方面进行考虑。在此为中职生数学推理能力的培养提几点建议，以供教学参考。

（一）注重学生身心发展，遵循循序渐进原则

学习过程是一系列复杂的身心内部加工过程，学习结果是身心状态的积极转变。为了使学生快乐学习、全面发展，教师可做如下工作：

第一，加强对心理学、教育学等知识的学习，站在学生的心理需求上，考虑学生的年龄特征来合理组织教学，降低学生的畏难情绪，使之较快理解并接受所学知识，从而提高学生的数学学习能力。

例如，在讲解"一元二次不等式及其解法"这一内容时，教师可从较为简单且学生更为熟悉的一元一次不等式进行导入，在学生理清一次函数的图像、一元一次方程与一元一次不等式之间的联系的基础上，再将问题引申到一元二次不等式上，并引导学生将两者进行类比，探讨二次函数的图像、一元二次方程以及一元二次不等式之间存在着哪些联系，进而使学生轻松快乐地理解并掌握"一元二次不等式及其解法"这部分内容。

第二，数学的研究对象是具有高度抽象性的数和形，数学学习中所涉及的基本概念、定义、定理等往往也比较抽象，学生对它们的理解一般是逐步加深的，不能一蹴而就。同样，学生的数学学习能力，尤其是推理能力也不是与生俱来

的，是需要长期培养并逐步提高的。为此，教师在教学中应充分考虑数学学科的特点以及学生的基本情况，重视学生学习的过程，不断激励学生学习，鼓励学生猜想，提高其学习兴趣，增强自信。

第三，加强学生的心理疏导工作，使学生积极面对现有学习状态，并对学生的行为和表现给予适当评价与指导，尤其是对学生的良好表现或行为要给予及时的肯定与褒奖。

（二）合理使用数学教材，充分发挥教材功能

数学教材是数学基础知识的载体，在教学实践中，为更好地培养学生的数学推理能力，教师以及学生有必要在教材上多下功夫，通过对数学教材内容的挖掘来找到培养数学推理能力的切入点，充分发挥数学教材的功能。对此，有以下四方面是值得注意的：

第一，教师应引导学生养成阅读数学教材的习惯，通过阅读挖掘课本中的隐含知识，并提醒学生注意教材中数学符号的规范使用，培养和提高学生的文字表达能力。

第二，教师与学生一起分析研究教材中的主要例题，抓住课本例题的本质，加深学生对基础概念、公式、定理的理解，培养学生发现问题、解决问题的能力。

第三，教师定期对所讲知识进行深入浅出的归纳，使学生更为深刻地理解所学知识，提高推理能力。例如，在讲解完三角函数这部分知识后，对所讲知识点及其之间的联系、思想方法、解题规律，以及注意事项等进行系统归纳。

第四，充分挖掘并领悟教材中所涉及的推理方法，真正理解数学推理，以便提高数学推理能力。例如，对于"平面向量的线性运算"可通过联想类比"数的运算"得出相应结论，然后再对其进行证明，判断是否成立。

（三）合理把握课堂教学，引导学生积极思考

教会年轻人思考是波利亚长期坚定的信念。据此，教师在课堂教学中应正确引导学生积极思考，培养学生有益的思维方式和习惯，帮助学生形成必备品格和关键能力。有以下五点可做参考。

第一，数学教师除了要教给学生一定的数学知识外，还应当教会学生如何思考，锻炼学生的创造性思维，培养学生良好的思维习惯，为学生的可持续发展和终身学习创造条件、做好准备。

第二，注重启发式教学，力图让学生形成初步认识→探索→猜想→证明的思维习惯。并有意识地增加课堂提问概率，且要根据学生的学习程度来分层次地提问，观察课堂上学生的表现，针对学生可能出现的问题和错误，及时进行正确的引导与剖析。如此安排课堂教学，一方面可以使学生真正理解数学知识，抓住问题本质，再遇到类似的问题时就会明白如何进行推理解答；另一方面可以使学生养成良好的学习习惯——善于反思、体验过程、领悟规律，从而有利于学生的反思、概括、推理以及表达能力的培养，提高学生学习数学的自信心。

第三，在课堂教学过程中，教师要给学生树立好榜样，在讲解知识时要做到思路清晰，逻辑严谨，无形中培养学生思考缜密、言之有据的良好习惯。

第四，针对数学推理模块内容的教学，一方面，教师应将重心放在学生推理思维的养成上，而不是仅仅强调推理书写形式的训练，并在解决问题的表述上逐渐要求"步骤完整，理由充足"；另一方面，针对学生解题过程中出现的逻辑错误，教师必须及时纠正。长此以往，学生会逐渐养成严谨思考和严谨推理的习惯，终身受益。

第五，教师在讲授新课时，有必要先引导学生回忆已学知识，使学生能够在已学知识的基础上猜测新知识的内容、结构、研究方法等，进而激发学生的学习热情，提高学生学习的积极性。例如，在讲"概率的基本性质"这部分内容时，教师先带领学生回顾集合的相关知识，搭建新旧知识之间的桥梁，寻找两者之间的联系，进而可使学生更好地理解、掌握概率的基本性质。这样的类比教学过程，不仅能够激发学生的学习热情，使学生能想、敢想，提高自信心，同时还可加深学生对新旧知识的记忆，使其真正理解知识内涵，对学生数学推理能力的培养也是十分有利的。

总之，在教学中教师要深刻把握人才培养要求，把握教学的深度和广度，重视学生逻辑推理能力培养，从而更好地实现教与考的对接协调，方便教，方便学，方便考。

(四) 加强数学解题研究，提高学生解题效率

在数学解题过程中，若各步推理都有充分的依据，又遵守相应的逻辑规则，那么题解必定正确。对此，为培养学生的数学推理能力，提高学生的解题正确率，教师应做到以下两点：

第一，无形中给学生进行思想灌输，通过习题讲解让学生明白数学推理试题考什么及如何考，减少学生做题的盲目性，并提醒学生及时记录易错题和一些经典试题，在建立不同类型逻辑推理试题的答题模板基础上做到走出模板、善于应变，使学生学得快，学得好。

第二，要求学生准备一个错题本，并经常提醒学生合理利用错题本，定期回顾错题本上的题，树立正确的"错误观"，使错误变成一种"财富"，同时可使学生养成积极进取、不屈不挠的心理品质，从而利于学生数学推理能力的培养。

二、中职数学核心素养中逻辑推理能力的培养

数学具有严密的逻辑性，这就要求学生学习数学要具有较强的逻辑推理能力，培养逻辑推理能力也是学生建构数学知识的一个必然过程。逻辑推理是中职数学核心素养六要素之一，在培养中职生逻辑推理核心素养的过程中，要培养学生发现问题及提出命题的能力；使学生掌握推理形式，以及学会用数学语言表述论证的过程；使学生掌握数学知识之间的脉络以及能够建构数学知识框架；使学生能够形成有论据、条理清晰、逻辑严谨的数学思维品质，增强学生的数学交流能力。

(一) 逻辑推理之合情推理

合情推理是从特殊到一般的推理，主要推理形式有类比、归纳。合情推理强调的思维形式是观察、类比、猜想、实验等，建立联系，使学生形成运用逻辑推理的意识。比如，数列这一章的教学设计过程就运用了合情推理。

1. 类比探索，归纳特点

通过类比探索，归纳出每一个数列的通项公式。那么如何推广到一般的等差数列呢？等差数列的通项公式是我们根据等差数列的概念通过归纳的方式得出的。在教学过程中，要引导学生根据等差数列的概念进行归纳。

2. 实施解决，检验猜想

学生得出的公式只是一个猜想，通项公式的得出还需要通过严格的证明来检验。在教学过程中，教无定法，贵在得法。在教学实践中教师应根据具体情况灵活运用教学方法，以此来不断提高学生的合情推理能力。

（二）逻辑推理之演绎推理

演绎推理是指从一般到特殊或个别的推理方法。只要前提可靠，用演绎推理推得的结论就是完全可靠的，演绎推理是一种严格的推理方法。比如，三段论推理就是演绎推理的一种，三段论推理就是指从某类事物的全称判断——大前提、特称判断——小前提，得出一个新的、较小的全称或特称判断——结论的推理。三段论的基本结构如下：

大前提 M 是 P ，小前提 S 是 M →结论 S 是 P ；

大前提 M 不是 P ，小前提 S 是 M →结论 S 不是 P 。

其中，P 称为大项，M 称为中项，S 称为小项，中项是媒介，在结论中不出现。三段论的依据是下面这个不证自明的公理，也称三段论公理：一类事物的全部是什么或者不是什么，那么这类事物中的部分也是什么或不是什么。

一般在实际的推理过程中，三段论中的大前提都省略，这会使学生体会不到其中的三段论推理。

（三）数学逻辑推理能力的培养

数学逻辑推理是学生学习数学、进行思考的基本能力，对于学生数学逻辑推理能力的培养，可以从以下两个方面进行：

1. 加强数学活动的过程教学，提高学生的合情推理能力

教师可以通过创设相应的教学情境，或者适当的学习活动，尽可能使学生亲身体验数学概念的形成过程；还可以通过精心设计和组织教学过程，引导学生积极主动地参与到公式、定理、法则、性质的发现、探索及推导的过程中；也可以在习题课中，通过暴露解题的思考过程，解释自己在解题过程中思路受阻及产生错误后是如何调整思维方式的，帮助学生逐步掌握探索的方法以及解题的规律，

培养和发展学生自我调控的能力。

2. 进行演绎推理的训练，提高学生的演绎推理能力

（1）结合具体教学内容，介绍或讲授一些必要的逻辑知识

掌握一定的逻辑知识，对于培养与发展学生的逻辑推理能力具有重要意义。如果学生缺少逻辑知识，那么对于数学内容中含有的逻辑成分就理解得不透彻，在这种情况下学生去学习推理往往只是照本宣科地使用逻辑法则，有时还会发生逻辑错误，妨碍自身逻辑思维和逻辑推理能力的发展。所以，让学生学习和掌握一定的逻辑知识，可以帮助学生形成自觉使用逻辑规则的习惯，减少或者避免逻辑错误的发生，提高学生的逻辑思维能力与推理能力，对于培养与发展学生的逻辑思维能力和演绎推理能力也是具有重要意义的。

（2）在运算中培养学生的逻辑推理能力

学生在学习代数这部分内容时，可以认识到"运算也是推理"。教师应强调不要只是记忆运算的步骤，而是要理解和掌握运算的依据，这不仅有利于提高运算的准确性，还有利于学生逻辑推理能力的培养；还要强调把计算步骤与运算依据结合起来，培养学生"说理"的习惯和能力，从而提高学生的逻辑推理能力。

（3）有层次、分阶段地培养学生的逻辑推理能力

在平面几何的教与学的起始阶段，教师可以通过对直线与线段以及角等基本概念的教学，训练学生依据直观图形做出言必有据的判断；再通过对相交线、平行线、三角形等有关内容的教与学，训练学生根据条件推出结论，会用数学符号表示命题的条件和结论，使学生掌握证明的步骤以及格式；进而在全等三角形的教与学之后，训练学生能够进行完整的推理论证的能力，使学生逐步掌握推理技能；再在上述基础之上，进行复制问题论证的训练，培养和发展学生的逻辑思维能力和逻辑推理能力。

第四节　培养中职生数学运算能力素养的教学策略

数学运算是中职数学核心素养六要素之一，它主要包括：使学生能够理解数学运算的对象，理解和掌握数学运算法则，探究数学运算方向，并能够根据不同

的问题选择相应的数学运算方法，设计程序，求得结果等。在培养中职生数学运算核心素养的过程中，要培养学生进一步发展数学运算能力、运用数学运算方法解决现实生活中实际问题的能力，发展学生的数学思维，使学生养成严谨求实的科学态度。

一、明确数学运算的对象

明确运算的对象，是快速准确进行数学运算的关键。明确运算的对象，对运算的方向和路径的确定起到了保障作用。所以，在中职数学运算能力核心素养的培养中，首先要训练学生对运算对象的把握。

例：设 $a \in R$，若 $x > 0$ 时均有 $(ax - 1)[x^2 - (a + 1)x - 1] \geq 0$，求实数 a 的值为多少？

如果以解不等式的方式来进行运算，需要进行分类讨论，中间环节比较复杂，运算起来比较麻烦。但是，如果把运算的对象确定为函数，运算起来就容易多了。仔细审题，我们可以发现，不等式的左边是两个因式相乘的形式，把这两个因式看作对应的函数，就可以将不等式与函数结合起来，这样就有一个直观的认识，运算起来相对比较简便。

解析：令 $f(x) = ax - 1$，$g(x) = x^2 - (a + 1)x - 1$。

由其根式解可知，$g(x)$ 的两个零点 $x_1 < 0 < x_2$，

根据几何图形判断：

只有当 $a > 0$ 且 $f(x)$ 的零点也为 x_2 时不等式恒成立。

将 $x_2 = \dfrac{1}{a}$ 代入 $g(x) = 0$ 中，

得 $\dfrac{1}{a^2} - (a + 1)\dfrac{1}{a} - 1 = 0$，

解得 $a = \dfrac{1}{2}$。

二、理解和掌握数学运算法则

理解和掌握数学运算法则是逐步形成运算技能、发展运算能力的基础。在数学教学中，教师对于运算法则的讲授要透彻、清晰，以便学生的理解和掌握。只

有掌握了数学运算法则等相关知识，才能使学生在进行运算时明确运算的方向，开阔思路。掌握运算法则是为进行运算提供依据，也是保障正确运算的前提。数学运算法则的掌握，离不开对一些基本概念的理解与运用。

已知数列 $\{b_n\}$ 是等比数列，S_n 是它的前 n 项和，若 S_{n+1}、S_n、S_{n+2} 成等差数列，求公比 q 的值。

解析：$\because$ S_{n+1}、S_n、S_{n+2} 成等差数列，

$\therefore 2S_n = S_{n+1} + S_{n+2} = S_n + b_{n+1} + S_n + b_{n+1} + b_{n+2}$，

即 $0 = b_{n+1} + b_{n+1} + b_{n+2}$，

$\therefore q = -2$。

此题利用了数列前 n 项和的定义，过程简明，考查了对定义的理解与掌握。

数学运算法则的掌握，除了离不开对一些基本概念的理解与运用，还需要学生理解与掌握一些典型问题的结论和方法。

三、探究数学运算的方向

学生运算能力提升的标志不在于运算本身，而在于运算方向和运算思路的确定。所以教师在教学过程中，要注重带领学生对运算方向与运算思路进行探究，以提升学生的数学运算能力，从而培养学生的数学运算核心素养。关于如何确定运算方向以及运算思路的拓展，下面通过一个案例进行阐述。

例：已知 $\cos\left(\alpha + \dfrac{\pi}{4}\right) = \dfrac{3}{5}$，$\dfrac{\pi}{2} \leqslant \alpha < \dfrac{3\pi}{2}$，求 $\cos\left(2\alpha + \dfrac{\pi}{4}\right)$ 的值。

首先，教师引导学生仔细审题，分析条件，从 $\alpha + \dfrac{\pi}{4}$ 和 $2\alpha + \dfrac{\pi}{4}$ 之间的关系入手，师生一起探究运算的方向和思路。

学生 A：$2\alpha + \dfrac{\pi}{4} = \alpha + \left(\alpha + \dfrac{\pi}{4}\right)$ ①

分析：学生 A 给出的关系式①简洁明了，但在求 $\cos\left(2\alpha + \dfrac{\pi}{4}\right)$ 的过程中，需要先求出 $\sin\alpha$、$\cos\alpha$、$\sin\left(\alpha + \dfrac{\pi}{4}\right)$ 的值。

学生 B：$2\alpha + \dfrac{\pi}{4} = \left(2\alpha + \dfrac{\pi}{2}\right) - \dfrac{\pi}{4}$ ②

分析：学生 B 给出的关系式②相比较关系式①而言要复杂一些，但在求 $\cos\left(2\alpha + \dfrac{\pi}{4}\right)$ 的过程中，只需要求出 $\sin\left(2\alpha + \dfrac{\pi}{2}\right)$、$\cos\left(2\alpha + \dfrac{\pi}{2}\right)$，即 $\sin 2\alpha$ 和 $\cos 2\alpha$ 的值。

教师：继续往下分析，由 $\cos\left(2\alpha + \dfrac{\pi}{4}\right)$ 的值求 $\sin\alpha$、$\cos\alpha$ 容易，还是求 $\sin 2\alpha$、$\cos 2\alpha$ 的值容易？

学生 C：由于 $2\alpha + \dfrac{\pi}{2} = 2\left(2\alpha + \dfrac{\pi}{4}\right)$，所以求 $\sin 2\alpha$、$\cos 2\alpha$ 的值更容易一些。至此，运算的方向基本确定，学生的运算思路也打开了。

四、根据不同问题选择相应的数学运算方法

数学运算方法一般有换元法、数形结合法、常值代换法以及解析几何中的设而不求法等。

例：已知 $a > 0, b > 0$，且 $\dfrac{1}{a} + \dfrac{4}{b} = 1$，求 $a + b$ 的最小值。

解析 1：求解这个问题，一般是用消元法将其转化为一元函数求解，求解过程如下：

$\because \dfrac{1}{a} + \dfrac{4}{b} = 1$，

$\therefore a = \dfrac{b}{b - 4}$，$a + b = b + \dfrac{b}{b - 4}$，

令 $f(b) = b + \dfrac{b}{b - 4}(b > 4)$（转换为求函数的最小值）。

解析 2：用换元及基本不等式

又 $\because a + b = 1$，

$\therefore (a + b) = \left(\dfrac{1}{a} + \dfrac{4}{b}\right) \cdot (a + b)$（运用"1"的代换）

$= 5 + \dfrac{b}{a} + \dfrac{4a}{b} \geqslant 5 + 2\sqrt{\dfrac{b}{a} \cdot \dfrac{4a}{b}} = 9$

$\therefore a + b$ 的最小值是 9。

此题运用换元法以及基本不等式求解，简便快捷。所以，能够熟练使用和选择数学运算方法，不仅对提高学生的数学运算能力具有重要意义，对于学生数学运算核心素养的培养也是很有必要的。

五、使学生掌握数学运算的程序性

数学运算具有一定的程序性，学生如果没有掌握数学运算的程序性，就不能合理完成数学运算。

例如，在利用三角函数的诱导公式求任意角的三角函数值的过程中，首先，利用三角函数的负角公式将任意角的三角函数转化为正角的三角函数，再利用"$2k\pi + \alpha$"公式，将其转化为 $0 \sim \dfrac{\pi}{2}$ 的三角函数。

掌握运算的程序，就相当于摸清了运算的规律，这样进行数学运算时就提高了运算的合理性以及自觉性，有利于学生数学运算核心素养的培养。

第六章 中职数学的多元化评价

第一节 数学课堂学习多元化

一、数学课堂学习多元化评价的概述

（一）数学学习评价的内涵

对于什么是数学学习评价，当今国际数学教育界有着共同的看法，是指有计划、有目的地搜集有关学生在学习数学知识、使用数学的能力和对数学的情感、态度、价值观等方面的证据，并根据这些证据对学生的数学学习状况或某个课程或教学计划做出结论的过程。良好的学习评价不仅仅有甄别、选拔的功能，还应该指向未来，发挥评价的发展性功能；不应该过分地强调教学目标的达成度，而应该认识到评价的动态性，承认学生的个性差异；不应该狭隘地将认知性发展当成学生的全部发展，这种忽视学生主体，只重视知识移植的课堂教学是对学生智力资源的最大浪费。

随着课程改革的推进和评价理论的发展，评价的方式日趋多样化，在传统课堂学习评价中，课堂作业（测验）和课堂问答是评价的最普遍方式。当前，成长记录袋、教学日记和表现性评价在数学教学中被越来越多地提及，从本质上看，质性评价和量化评价是相互补充、相互渗透的，两者从数学学习的不同侧面，用不同的方法对学习行为做出价值判断，从而对数学学习行为做出指导。评价的内容呈现多元化趋势，在传统课堂中，学习评价内容往往局限于学生基础知识的获得和基本技能的形成，当前的数学学习评价在关注学生的基础知识、基本技能、基本思想和基本活动经验获得及形成的同时，开始逐渐关注学生学习时的情感、态度及个性品质。情感、态度、个性品质是在学生学习时不断生成的，所以正确对待学习评价中学生情感、态度发生的变化和个性品质的差异，能促使学生主动学习，有利于学生健康、全面地发展。评价主体多元化逐渐得到认可，当前的评价实践中，不少学校邀请和鼓励家长参与评测工作，这有利于学校和家庭对学生教育影响的一致，为学生、家长和教师提供了交流的平台，评价主体多元化是学习评价的必然趋势，它体现了教育评价的"共同建构、全面参与、共同负责"的价值取向。

（二）数学课堂学习多元化评价的内涵

1. 含义

课堂是教师、学生和教育环境组成的有机体，教学是学校实现教育目的的基本途径，数学课堂教学是教师根据课程标准和预先制定好的教学目标，对学生施加教育影响，以促进学生习得数学知识、形成数学技能的过程，在这个过程中，学生可以掌握必要的数学思想方法，获得基本的数学活动经验。

数学课堂学习多元化评价就是在教育目的的引导下，依据课堂学习多元化评价理念，教育主管部门、教师之间、学生及家长共同参与，有目的、有计划地观察、测定学生在学习活动中数学知识的习得，数学技能以及数学思想方法的形成情况，适时地调整和优化教学进程，为教育主管部门的教育决策提供信息参照，为教师的课堂教学提供反馈信息，为学生的最大发展提供保障。

2. 评价标准的多元化

人有多种智能，每个人的优势智能有所不同，智能在不同的发展阶段显示的方式也不同，所以要以适当的标准评价智能，评估方案要充分考虑到个体的独特性、智能发展的阶段性，这样才不会违背评价的本意。学生的学习基于他们原有的知识技能、情感态度及数学素养等，所以数学学习评价应该善于发现学生在学习过程中知识、情感态度和价值观等方面发生的积极变化，也就是要依据学生近期的发展状况和个体差异实施差异化评价，所以既要横向地比较学生之间、学生与课程标准要求之间发展的差异，依据课程标准制定统一的评价标准，又要有用来评价学生纵向发展的评价标准。通过纵向的比较，认可学生在学习过程中发生的积极变化，使得人人都能体验评价过程中进步与成功的喜悦。唯有促进评价标准的多元化，才可以使得人人学有价值的数学，人人获得必需的数学，不同的人在数学上得到不同的发展成为可能。

3. 评价主体的多元化

人本主义强调个人的需求和意愿、能力和经验、痛苦和快乐，认为人本身就有发展的需求和学习的潜能，教学应该激发学生的发展需求，也就是说要想了解、研究学生，只能从他对自己和周围世界的看法入手。学生在自我评价时，能够自发地反思是否完成了特定的行为，从而积极地修正学习进程。在引导学生参与到学习评价的过程中，可以促进学习集体的形成，培养个体发展必备的团队精神。现代课堂的学习评价不应该仅仅是教育工作者对学生单一的评价模式。

（1）应该适时地引导学生自评、互评，发展评价的激励功能

通过自评，产生激励系统中最核心的部分——自我激励，这是个体行为的动力源，通过互评，产生互相激励，从而提高激励的效率，形成良好的激励氛围，取得良好的激励效果。评价主体的多元化，使得评价者和被评价者处于积极思维的过程，有利于形成有机的学习活动。在课堂学习评价过程中，必须关注学生学习习惯、思想品德的形成，这都需要课堂规则的辅助，通过让学生参与课堂规则的制定，能够给予学生机会考虑怎样计划、监视和调节自己的行为，督促学生相互监督，互相评价，这样他们会增加对规则的目的、内涵及重要性的理解，从而更加自觉地根据课堂管理规则来约束自己的行为，使得课堂教学更加高效。

（2）应该充分发挥家长对学习评价的作用

"子不教父之过，教不严师之惰"，这句话充分体现了家庭和学校对学生教育的重要作用。学校是对学生产生教育影响的主要场所，对学生的学习起着决定性的作用。家庭是除学校以外，对学生产生教育影响最持久的场所，家长的知识涵养、人生阅历以及教育理念，潜移默化地影响着学生的学习。在学校的主导下，充分发挥家庭教育的作用，有利于形成教育合力，从而促进学生的全面发展。具体到学习评价上，家长通过对学生学习的评价，不仅可以引导学生树立正确的学习观，改善学习方法，形成良好的学习习惯，还为教师及时了解学生的实际学习情况提供高效的途径。

4. 评价内容的多元化

（1）关注学生数学基础知识的积累

数学基础知识是数学学科基本原理和基本概念的载体，学生只有积累了必要的数学知识，才能掌握数学的科学结构，更好地理解这门学科，较容易地记忆有关事实，促进学习中的普遍"迁移"。

长期以来，数学基础知识都是我国数学课堂教学的主体内容，也是我国数学课堂教学的强项。在国际奥赛中，我国代表队也取得了非常不错的成绩，目前，随着数学课程改革的推进，数学学习的内涵得到了扩充，基本活动经验的积累、基本数学思想方法的掌握、数学精神的形成等都逐渐成为学习评价的内容。但这并不意味着教师在课堂上可以淡化数学知识的教学，仍然需要通过谈话、课堂讨论、课堂练习等方式来反映学生数学知识的学习情况。

（2）关注学生数学素养的培养

在教学中促进学生数学素养的形成，不仅是当今数学教学的核心目标，也是国际数学教育研究的热点之一。数学素养是指主体在已有数学经验的基础上，在数学活动中通过对数学的体验、感悟和反思，并在真实情境中表现出来的一种综合性特征；广义地讲，是一种综合性特征，狭义地讲，是指在真实情境中应用数学知识与技能理性地处理问题的行为特征。这里参照 PISA 对数学素养进行了定义，即个体认同和理解数学对现实世界的作用，能够在问题情境呈现时，做出合理的判断和行为，能够积极地参与到当前及未来的生活中，并对自己的反应（包含认知、行为等方面）有较为正确认识的能力。

中职数学教学应该在义务教育的基础上，继续发展和完善学生未来社会生存所需的核心数学素养（数学抽象、逻辑推理、数学建模、数学运算、空间想象、数据分析）。

基于以上的分析，数学学习评价包括以下六个方面：

一是学生数学抽象素养的发展。有别于其他学科，数学具有高度的抽象性，为了摒弃客观事物的非数学的属性，形式化成了数学研究的本质特征（形式化本身就具有高度抽象性），如运算符号、数理逻辑的符号。同时，研究思想材料又是数学抽象性的另一个体现，数学的研究对象是数量关系和空间位置，如"正负数"在自然界是没有的，是数学中为了表示相反的两个量而"创造"的，"点、直线和平面"是为了研究更加方便简化得到的。

二是学生逻辑推理素养的发展。逻辑推理是指学生通过激活前概念，理解分析当前的问题情境，通过观察或实验取得证据，借助推理提出现象或结果产生的原因，并在依据证据和逻辑论证的基础上，产生新理解、新假设，丰富、充实或者是调整、重构原有知识经验。

数学的学习过程中逻辑推理无处不在，如几何教学中的"欧几"，在几条公理和公设的基础上，通过逻辑推理，建立起欧几里得几何"大厦"（也就是我们所说的，公理体系是用逻辑推理的方式建立的）。在数学命题的证明过程中，对于"三段论"的使用，也是逻辑推理的过程。

三是学生数学建模素养的发展。数学建模是从现实生活中的问题抽象出数学模型，求出模型的解，检验解的合理性，对现实问题给出数学解释或解决方案的一个过程，是数学生活化的一个重要体现，在数学课堂中培养学生数学建模素养是重要的教学任务。数学建模素养对培养学生的抽象概括能力和数学的灵感起着重要的作用，由于数学建模是一个相对开放的过程，所以在这个过程中，学生的创新能力和自主探究能力都能得到发展。

四是学生数学运算素养的发展。一般认为，良好的数学运算素养是指，在理解运算的算理前提下，会根据法则正确地进行运算，并能够根据题目条件，辨析各种运算方法的优劣，从而寻求简捷、合理的运算途径。中职数值计算、方程与不等式的同解变形、函数的初等运算、式的恒等变形、微积分运算、几何量的测量、超越运算等都是数学运算的内容。

五是学生空间想象素养的发展。空间想象素养一般包括空间观念的建立能力（实物的几何化，对空间基本图形的识记、再现和思考）、建构几何表象的能力（根据文字信息，建构符合条件的几何图形）、几何表象的操作能力（根据具体需要将头脑中的几何表象进行分割、重组、变换得到新的几何图形）。由于空间范畴反映运动物质的伸张性、广延性，反映运动着的物质的基本属性和存在形式，所以发展空间想象素养能够促进学生的社会化，从而正确地认识世界。

六是学生数据分析素养的发展。数据分析素养是当前公民必备的内在素质，也是当前数学的主要教学目的之一。数据分析素养包括数据的认知、搜集、整理、表述和探究能力。在实际教学中要培养学生正确感知和甄别数据来源，并能选用适用的度量（如平均数、中位数、众数等）来描述相应的数据，能够识别各种统计图表的数据信息的能力；要培养学生的统计观念，引导学生将数据分析应用到其他学科的学习中去。

（3）关注学生数学学习能力的提高

学习能力必然成为个体学习成就评价的核心内容，这种必然性主要体现在以下三个方面：首先，终身学习是当今社会对人才的要求，这也就意味着中职教育应该教会学生如何学习，从而使学生形成终身学习的能力。其次，培养学生学习能力也是课程改革的必然要求，学生的数学学习活动不应只限于对概念、结论和技能的记忆、模仿和接受，独立思考、自主探索、动手实践、合作交流、阅读自学等都是学习数学的重要方式。但要注意的是必须关注学生的主体参与，进行师生互动。把学生作为教育主体，培养学生的学习能力，是教育学生主体性的体现和教育的根本目的之一。最后，培养学生学习能力也是学生自我成长的需要。马斯洛认为，人类的动机是由多种不同性质的需求组成的，根据他的动机层次分类，在基本需求得到保证后，有自我实现需求，希望得到尊重，希望认知未知事物，具体到学习上来，他认为学习是内发的，不是外部环境所强加的。培养学生学习能力，有利于学生全身心地投入数学的学习中，将新的知识与原有的知识联系起来，经过顺应、重组等促进新的认知结构的形成，在这个过程中，学生获得自我成就感，行为、态度以及未来的学习方法得到改善。

（4）关注学生数学思想方法的掌握和数学精神的形成

从心理学方面来看，数学思想方法属于元认知范畴，所以学生掌握的数学思想方法对学习活动起着监控作用。以评价促进课堂数学思想方法的渗透，可以提升学生元认知水平，深化学生数学思想方法的掌握程度，以及提高学生分析和解决问题的能力。数学知识与数学思想方法、数学精神犹如数学的骨骼和血肉，学生只有在学习过程中掌握必要的数学思想方法，体会数学的理性精神，才能学习到数学的真谛，从而成为有较高数学素养的人才。

5. 多元评价的原则

新课程理念强调量化评价和质性评价相结合，多方面、多层次地考查学习的真实情况。从本质上看，质性评价和量化评价是相互补充、相互渗透的，两者从数学学习的不同侧面，用不同的方法对学习行为做出价值判断，从而对数学学习行为做出指导。质性评价为量化评价提供了应用的框架，而量化评价又为质性评价的科学性提供了保证。

课堂测评是一套系统化的程序，包括搜集、分析和解释各种有关资料，通过比较学生的实际表现与所设想的教学目标，对课程、教学方法和学生的培养方案做出决策。

在课堂测评中，教育工作者（主要指教师）和学生共同制定课堂评价标准，然后有目的地搜集相关信息，根据教育评价理论，量化和质性相结合地对课堂教学效果做出评价，为改进教学质量提供参考。

为了改变以往课堂学习评价狭隘的诊断、甄别、奖惩目的，在评价中，关注学生原有的知识经验，引导学生自主建构知识结构，关注学生学习动机，激发学生自我发展的需求，关注学习过程中学生的情感、态度，使得人人在学习中获得快乐，关注数学学习过程中学生数学思想方法的掌握程度，提升学生的学习素养。在学习评价过程中应该遵循以下原则：

（1）发展性原则

学习评价的本质属性是促进学生发展，在学习评价时要凸显评价的发展性，这种发展性要借助评价的反馈功能，使得学生认识到自己的不足，完善自己各方面的素质，从而使得自身的综合素养得到完善和提高来实现。

（2）全面性原则

学习评价全面性原则是指在学习评价时，应该多方面、多角度地收搜集有效的学习信息，力图全面地把握学生的学习信息，从而保证评价的客观性。具体来说，就是要求教师在实行评价时不仅要考查学生对概念的理解、解题策略的形成，还要考查学生通过数学学习逻辑思维能力和合情推理能力的发展；不仅关注双基，还要评价通过课堂教学，学生获得的数学的思想方法和必要的数学活动经验；不仅要关注学生学习习惯、学习方法的转变，而且还要兼顾学生情感、态度方面发生的变化。

（3）激励性原则

学习评价遵循激励性原则可以鼓励学生成才，发挥学生的特长和兴趣，极大地调动学生的积极性和创造性，在培养优秀人才和创新人才方面发挥极其重要的作用。

通过学习评价，教师可以发现学生在学习过程中积极性的变化，帮助他们建立自信，挖掘他们的闪光点，鼓励学生不断地改善学习，挑战自我，从而提高学生的自信心和学习能力。

（4）客观性和实践性原则

学习评价是人为地对学习情况进行考查，因此倘若人们在评价时所持的评价理念不同，就可能得到不同的评价结果，有时甚至是截然不同的答案，所以学习评价过程中，应该尽可能地排除一切干扰，使评价结果尽可能客观地反映学生学习的真实情况。我们要求在相同条件下，通过同样的评价方式得到的评价结果是基本相同的，也就是说评价能够重复进行。如果教育评价具有客观性，那么它就为评价的实践性提供了必要条件。

（5）科学性和教育性原则

对于学习评价不能根据主观臆断，应该用测验和统计的方法收集数据，然后结合数据分析给出评价，同时评价过程要保证评价的手段、方式、程序的科学性。学习评价的目的是促进学生的学习，其本质也是教育实践的一部分，因此在学习评价过程中体现教育性，有利于教育目的的达成。

二、学习评价的过程与方法

（一）学习评价的一般过程

在教育评价领域，尽管存在着各种各样的评价模式，它们的实施方式与操作程序不尽相同，但是，一般都可以划分为三个阶段，即准备阶段、实施阶段、结果分析和处理阶段。

1. 学习评价的准备阶段

准备阶段是教育评价具体实施前的预备阶段。它对评价程序来说，是必不可少的一个步骤，是成功地开展教育评价的前提和基础，准备工作的好坏将直接影响评价的质量，影响评价功能的发挥。准备阶段的核心工作是要制订明确、具体的评价方案。

评价方案一般分为长期、中期和短期三种。所谓长期评价方案，就是指教师对一学年或者一学期内即将进行的评价的构想；中期评价方案一般指对一个单元内即将进行的评价的规划；而短期评价方案常常是指教师就某一次评价所提前进行的规划。评价方案的类型不同，其重点描述的详细程度也各不相同。不过，一个周密完善、切实可行的评价方案，既包括评价的目的、评价涉及的内容，又包括学生表现的途径以及具体实施程序等。具体来说，至少需要以下六个步骤：

一是明确评价目的。明确评价的目的，是任何一项评价方案设计首要考虑的事项，只有目的明确，教师才可能去选择相应的评价方式。对于数学学习评价来讲，其终极目的就是要全面了解学生的数学学习状况，以促进教学的改善。不过，教师还需要就教学过程中的特定问题与不同阶段，来确定评价的具体用途，如诊断、安置、准备、形成等。例如，教师在教学开始之前进行评价，通常可以有两方面的目的，即确定学生是否具备学习新内容所必需的知识与技能，或者是要检查学生是否对将要学习的内容已经有所掌握。针对这两种不同的情况，教师采取的评价方法通常是不相同的。

二是确定评价内容。确定评价内容是评价方案设计的核心部分。课程标准已经从行为与内容两个方面明确规定了数学学习的终极目标，但是教师在一次评价活动中不可能，也没有必要全面地、毫无遗漏地评价所有的方面。因此，在教学实施的不同阶段或者针对不同的教学单元，教师就要进一步选择与确定具体的评价内容。教师在明确评价内容时至少要把握两点：一是所选择的评价内容必须与课程标准规定的课程目标相一致；二是要注意内容的全面性，能够考虑到所有的目标领域。

三是确定学生表现的展现途径。针对不同类型的目标，需要学生展现自己所知、所做的方式和角度都有可能不尽相同，那么，教师就需要事先准备，以便在评价中能够准确把握和记录学生的种种表现。从大的方面来讲，在数学学习评价中，学生表现的途径大致可分为书面的、口头的与活动的三种形式。书面的表现途径主要有传统的纸笔测验、做书面数学作业、记数学笔记或日记，以及各种对过去经历与当前理解的个人记录等；口头的表现途径主要包括课堂问答、小组讨论、口试以及其他的口头汇报等；活动形式的途径则是指学生从事的各种数学学习活动，如课堂探究、问题解决、合作与交流等。

四是选择并设计适合学生表现的评价任务与标准。明确了目的、内容以及学生可能的表现方式之后，教师就需要正式编制引发学生表现的各种具体评价任务，如编制一份试卷、设计一系列课堂提问的问题、安排一次课堂讨论、提出一项数学问题解决任务等。与评价任务设计相关的还有相应的评价标准，即如何给分，如何评定等级等。评价标准的建立一方面需要与课程标准相一致；另一方面需要学生参与标准确立，因为只有学生明确了标准，才能够理解评价，才能够进行自我反思。

五是明确评价实施的有关事项。有关评价实施的事项主要包括明确实施评价的时间与地点、评价参与者以及信息搜集方式。评价目的与内容不同，评价的时机与地点也往往不同。例如：评价学生的独立思考能力，可以选择在学生自发的学习活动过程中评价学生的合作能力，可以选择在集体的学习项目进行过程中；评价学生的学习积极性，可以选择在课堂教学进程中；评价学生的学习准备情况，就需要选在教学开始之前进行；评价学生对某一单元的掌握情况，则需要在单元学习结束之后进行。

而在不同时机与地点下的评价，评价的参与者以及信息搜集的渠道也会有所差别。例如，在课堂教学过程中的评价，学生、其他任课教师以及评价专家都可以成为评价的参与者，而家长的参与就比较困难，如果利用家庭作业进行评价，家长的参与则很有必要。同样，针对不同的评价任务，如有的需要学生独立完成，有的需要学生集体合作，有的则需要学生借助于其他信息渠道完成，搜集信息的渠道与方式也需要精心考虑。

六是明确如何处理与运用评价结果。在评价的最后阶段，如何分析和处理搜集到的评价信息，在成绩的判定与记载中应该强调什么，评价过程及其结果应该向谁报告、报告些什么、报告应采取何种形式？这些问题的考虑是至关重要的一个步骤，将直接关系到数学学习评价发展性功能的实现。

不过，建立评价方案的目的是使教师对即将进行的评价做到心中有数，师生能够对即将进入的单元以及评价标准达成共识，但是，教师要避免将评价方案设计成一个死板的评价规划，然后按部就班、丝毫不改地执行。

2. 学习评价的实施阶段

学习评价的实施阶段是指实际进行评价活动的阶段，它是整个评价程序的中心环节。学习评价的实施阶段大致包括三方面的工作，即搜集评价信息、整理评价信息、做出价值判断。

（1）搜集评价信息

搜集评价信息是进行评价工作的基础性工作。评价信息是进行评价的客观依据，是做出科学结论的必要条件，对评价的有关信息占有得越多，得出的评价结论就可能越准确合理。所以，在实施阶段，要根据评价目标广泛搜集评价信息。具体来讲，就是要注意以下三个方面的要求：

一是要注意评价信息的全面性，即评价信息要全面反映评价对象的全貌和全过程，不能有某一环节的疏漏。二是要保证评价信息的准确性。在搜集信息时，应根据评价目标，搜集那些最准确、最能反映评价对象实际的信息。三是要取得足够的信息量。信息的准确性，反映的是信息的质。从质和量的关系看，质是以一定的量为必要的条件，没有一定的量就没有一定的质。但是，并不是说信息越多越好，而是要求所获取的信息量，应足以保证对评价对象的质量做出准确客观的价值判断。

搜集评价信息的方法主要有测验法、观察法、谈话法和问卷法。其中，测验法是数学学习评价的主要方法。因此，如何设计测验，提高测验质量就显得非常关键。

（2）整理评价信息

整理评价信息主要是指将搜集到的全部信息，加以反复核实，对评价信息的全面性、准确性、适应性以及搜集评价信息方法的可靠性，进行认真检查、分析和整理。信息整理的过程又可以分为三个步骤：一是归类，就是将所有评价信息按照一定的标准进行初步分类。二是审核，即根据既定的评价目标，对全部评价信息，逐一核实，进行去伪存真、去粗取精的鉴别和筛选。对缺乏的信息，要及时补充，对次要的、代表性差的信息要舍弃；对需要运用统计手段加工的信息，及时进行数学处理，使评价信息具有完整性、真实性、准确性。三是建档，就是将审核后的评价信息，根据评价目标，分门别类地制成一定的表格形式或卡片形式，并进行编号建档，为评价做好准备。

（3）做出价值判断

这是评价实施阶段的最后一项工作。这项工作要求评价者根据汇总的评价结果，对评价对象做出准确的、客观的、定量或定性的评价结论，形成评价意见，必要时，可对评价对象做出优良程度的区分，或做出是否达到应有标准的结论。

3. 学习评价的结果分析和处理阶段

学习评价过程的最后一个阶段，就是对评价结果进行分析处理。这一阶段的工作质量直接关系到评价功能的发挥，关系到评价目的能否实现。在这个阶段中，主要包括以下三项工作：

(1) 检验评价结果

一方面，要检查评价程序的每个步骤，看其是否正确、全面地贯彻了评价的基本原则，是否真正理解和把握了评价目标和标准，从而确认评价结果的正确性；另一方面，针对量化的评价结果，可以运用教育统计学的检验方法，对评价结果的统计量进行检验。

(2) 提供改进建议

要想真正发挥评价的功能，评价活动结果的信息必须向有关人员进行反馈，并根据评价提供的情况，做出改进教学的措施。

(3) 总结评价工作

学习评价本身也是学习的一部分。无论教师还是学生，都要对学习评价活动进行总结，并要建立学习评价资料档案，以备为今后的教学或学习提供查阅和研究之用。

以上结合教育评价的一般程序，对学习评价的过程进行了分析。在具体的评价活动中，三个阶段不是彼此孤立的，前者影响和决定后者的质量，后者又可以为前者的改进提供信息和依据，它们是一个统一的整体活动过程。

(二) 学习评价的方法

学习评价方法是对学习评价的发展变化最为敏感的因素之一，在一定程度上，方法的革命性变革会直接导致学习评价质的变化和跳跃式发展。从学习评价的历史发展来看，学习评价方法经历了由经验性到科学化、由单一化到多样化的发展，而且在不同的时期表现出不同的特点。

1. 早期的传统考试

考试是最早的正规评价方式。考试的形式有两种，即口试和笔试。在学校教育尚未普及时，学校考试主要是口试，即教师向每个学生提出不同的问题，要求学生口头作答，以判定学生的知识掌握程度。随着教育的逐渐普及，以及在校学生的不断增多，口试开始受到来自各方面的越来越多的指责。尤其是学制产生之后，随着班级授课制的实施，教育领域开始注重教育的效率。学习评价不仅作为教学过程中学生成绩的评价、教学信息反馈的手段，而且与学制相结合，成为学制中学生学籍管理和学校管理的手段。口试的诸多缺点也逐一暴露，具体表现在以下三个方面：第一，口试法不能向各个学生提出同样的问题，难以根据统一标准进行比较；第二，随着教育的发展，学生渐多，口试法要从多方面考查学生，在时间上不经济；第三，口试的结果容易受到主考和学生当时的主观状态左右。

于是，费时费力的口试慢慢退至评价的边缘，代之以统一的笔试。笔试出现并代替口试是一个较为漫长的过程。虽然在我国隋朝时期，就已经产生了比较正规的笔试，但是那时的笔试仅限于当权者选择自己所需要的官吏时使用，并没有成为学校评价自己学生的一种主要方式。

笔试可以在较短的时间内对众多的学生进行统一的评价，能够满足近代扩大教育机会的要求。它主要具有四个优点，一是经济易行。无论是教育系统内的选拔性评价、学年终结性评价，还是学校内部的学期测验、单元考试，笔试都可以在同一时限内以团体形式对所有学生同时考试，效率相对较高。二是内容深广。一张综合使用多种题型而又拼配合理的试卷，其试题可达数十题甚至上百题以上，又能顾及主试者的意图，有利于多方面、多层次地测试学生的知识和能力。三是质量易控。所有学生使用的是同一份试卷，应试程序和规则相同，应试环境大体一致，有统一的评分标准，能较好地保证测试的质量。四是比较客观公正。学生笔试的记录较易保存，便于分析。对特定的学生，教师进行偏袒或歪曲的可能性较小。

尽管笔试的客观性、可靠性比口试高，并节约时间，测试效果也大大优于口试，但此时的笔试不外是一种论文体考试，评分时常被主观的偏见所影响，而且试题太少，也不能测得全部知识。

为了追求笔试的客观性、精确性和可靠性，20世纪初在美国引发了一场"教育测验运动"。该运动最大的成就是标准化测验的产生。这是一种大规模生产的选择题测验，它有助于多评分者得出一致的评分结果。

标准化测验可以分为两大类，即常模参照和标准参照的标准化测验。常模参照的测验是用来表明指定的学生或学生群体，与相同年龄和年级的其他测验对象相比，处于什么样的水平。常模参照测验不是用来揭示学生知道什么或者能做什么，而是看他们与全国范围的同龄人相比，其表现如何。标准参照测验是用来表明与期望的标准（一名学生在一定年龄应该知道什么）或一个具体目标相比较时学生的表现情况。这些测验的题目试图揭示学生在知识或技能方面的长处或弱点。能力测验和成就测验都属于标准参照测验，尽管两类测验的目的不同，但对大多数教师和学生来说，二者看起来是一样的，他们往往更关注的是测验的结果，而不是测验的类型。

标准化测验的突出特点就是客观、精确，有利于比较。因此，标准化测验往往是高利害的，被视为判断一所学校或一个学区的教育质量好坏的最主要的手段。然而，标准化测验的高利害性，直接导致的后果就是教师按照测验目标来教，而不重视课程本身，学生取得的成绩也仅与考试目标紧密相关，而不是与课程目标相关。当利害性升高时，人们对标准化测验批评的声音也变得越来越大。批评者对标准化测验的不满主要表现在三个方面：第一，测验本身是有缺陷的，其科学性和客观性值得怀疑；第二，除了对学生的测验能力进行测量外，标准化测验不能对其他方面进行有效的预测；第三，标准化测验破坏了他们应该改善的真实过程。他们认为，选择题测验通过以下一些方式破坏了教和学：其一，以理解和反思为代价，对死记硬背的学习重视太多；其二，加深了这样一个误导印象，即对大多数问题来说，只有一个唯一正确的答案；其三，把学生变成被动学习者，他们只需要再认，而不是建构答案和解决方法；其四，强迫教师更关注什么易于测验，而不是关注对学生来说什么重要；其五，把所教的任何内容都转化为选择题形式，从而弱化了内容和技能的发展。

2. 另类评价方式的兴起

进入 20 世纪 90 年代以来，世界各国的教育改革运动此起彼伏。在学习评价改革中，旨在弥补过度依赖传统标准化测验所导致的缺陷的评价方式应运而生，这些方式由于与传统的标准化测验格格不入，被统称为另类评价。另类评价的概念和其他概念一样，不同的人会有不同的理解，甚至是争议。许多人认为它与真实性评价或表现性评价同义。

另类评价的主要方法有以下七种：一是建构性反应题，即要求学生写出问题答案，而不像标准化测验那样从多种答案中加以选择。在这类反应题中，正确的答案可以是一个或多个，回答的形式也可以有所不同。这种形式包括填空、解数字题、填写图表、写出几何证明步骤等。二是分析短文。分析短文是要求学生用一两段文字进行描述、分析、解释、总结，可以有效地评价学生对某门学科的理解程度。回答这类问题，学生需要具备分析、综合、批判思维的能力。三是写作。写作能评价学生必须具备的写作技能，如创造性、修改文章和概括目的与对象，清晰表达自己思想观点的能力，检查学生语言、句法、语法知识等。四是口头演说。通过让学生进行口头演说，亦可了解其语言能力，以及思维的灵敏性。五是展示。展示可以用来全面地考查学生的技能技巧，它要求学生在课堂上或其他观众面前进行演示或生动的表演。教师和训练有素的评价者根据已知的标准评分，一般要求学生具备广泛的能力，经常是跨学科的，并要求学生表现出主动性和创造性。六是实验。主要是考查学生对科学知识的理解和实验过程的操作。在科学课程中，越来越重视对学生主动探究能力的培养，实验要求学生进行一系列的探究活动，如提出假设、拟订计划和进行实验、写出研究报告、应用测量和预见的技巧、应用科学事实和理性概念的知识等。七是档案袋。收集学生自认为能代表自己水平的平时作业，包括草稿、修改稿和最后的作品，要求学生在完成作品后，进行自我评价，并说明选择该作品的理由。

另类评价强调学生各种能力并用，无严格时间限制。另类评价具有以下六个特征：第一，要求学生演示、创造、制作或动手做某事；第二，要求激发学生高水准的思维能力和解题技能；第三，使用有意义的教学活动作为评价的任务；第四，唤起真实情境的运用；第五，人工计分；第六，要求教师在教学和评价中担任新的角色。

第二节　评价数学课堂教学多元化

一、数学课堂教学评价的目的、特点及原则

（一）课堂教学评价的目的

评课是每个教师必须进行的工作，每个学期每位教师都会参加十几次以课后评议会的形式进行的数学课堂教学评价活动，课后评议会的课堂教学评价较多地采用定性的描述性分析。这种评价方式没有统一的量化标准，很难反映出评价对象教学水平的高低，仅仅采用这种定性分析的方式去测量不同教师或者同一教师在不同时期的教学水平的高低、教学质量的好坏，显然可比性不高，模糊程度较高，不能引起被评价教师的足够重视，不利于教师专业水平的发展。想要充分发挥课堂教学评价在课程改革中的导向、激励、管理、鉴定和调控作用，就要改革现有的课堂教学评价方法，将这种定性的分析加以量化，使评价更加标准化、科学化、全面化地反映课堂教学质量。这样也可以使学校对教师的课堂教学质量的监督和管理更加科学化、系统化。

数学课堂教学评价的目的主要体现在四个方面：第一，课堂教学是学校教学工作的核心，开展课堂教学评价，可以反映出教师的教学水平，有利于教学质量的提高。目前课堂教学评价的发展还不是很成熟，大多数都是领导用来对教师的日常工作进行监督的一种手段，教师并没有看到课堂教学评价对自身发展所起到的积极作用。实施课堂教学评价的关键是建立合适的评价标准。该评价标准既是课程改革的导向，也是教师进行教学设计的依据。以往，学校在组织课堂教学评价时，尽管有着详尽的评价标准，但教师对评价标准的制定过程不甚了解，课堂教学评价并没有发挥它应有的作用。实践证明，让一线教师参与评价标准的制定过程，在实施评价时，教师就明确了自己的责任。这样通过教学评价这一手段，使被评价教师的课堂向统一的标准靠近，逐步提高课堂教学质量。同时，制定的课程标准应该反映新课程理念，能够针对目前课堂教学中存在的不足，使广大教

师努力提高自己的教学水平。

第二，通过开展课堂教学评价，可以促进教师之间的相互交流，同行教师对课堂目标和教学过程中存在的问题的把握应该更精准些，通过这个机会，使得他们之间能够相互学习，取长补短。课堂教学评价所提供的反馈信息，既能够帮助教师调节自己的课堂教学行为，也能够帮助教师更好地掌控课堂，评价的结果也可以调动广大师生的积极性，使课堂教学能够更加高效地进行。

第三，通过开展课堂教学评价，可以促进教学目标的实现，可以督促国家数学课程标准各项要求的顺利实现。

第四，通过课堂教学评价，可以推动教学质量考核的发展。课堂教学评价是以控制论和系统论为理论基础的，以定量评价和定性分析相结合的方式来管理课堂教学质量，这种方法也可以提高学校的管理水平。实施课堂教学评价，可使学校领导更多地关注课堂教学质量的提高。学校的主管领导可以制定一定的评价政策，如将奖励政策、制度等纳入教学质量管理系统，以调动教师的积极性。

（二）课堂教学评价的原则

实施课堂教学评价的目的是了解课堂教学的实际情况，教师根据反馈的信息及时地改进教学方式，优化教学设计，提高课堂教学质量。为了使本研究的实用性和针对性更强，使本研究的评价符合新课改的理念，更能凸显中职数学学科的特点，特提出以下四个原则：

1. 发展性原则

以人为本的新课程核心理念要求数学课堂教学评价应该促进学生身心的全面发展，促进教师自身水平的发展，提高课堂教学质量。这种"以学论教"的课堂教学评价的终极目标是促进学生的全面发展。课堂评价对教师的专业成长也具有导向、诊断和预测的作用，有利于教师进行教学总结和教学反思，及时发现教学中的不足，引导其向优秀教师发展。

2. 以学生为中心原则

新课程理念下的课堂教学要真正体现学生的主体地位，所有评价活动的最终目的都是促进学生积极主动地建构知识，促进学生的全面发展，要尽可能地减少和避免低质量的评价。要对传统的中职数学课堂教学评价进行彻底的改革，充分发挥课堂教学评价的导向作用，体现"以学论教"的评价思想，课堂教学评价应该注重学生在课堂教学过程中所表现出来的状态，以此来评价课堂教学质量的高低。

3. 全面性原则

新课程标准指出，中职数学课堂教学不仅要关注学生数学学习的结果和学习水平，而且更应该重视学生的学习过程和学生在学习过程中情感态度价值观的变化。所以在数学课堂教学评价中，应该建立多元化的评价目标，注重学生创新能力的培养，注重学生的个性与潜能的发展。中职数学教师在备课时就应该注重以数学知识为载体，经过教育学的"加工"，使数学课堂教学不仅成为学生接受知识的过程，而且要能够激发学生的学习兴趣，培养学生的爱好，注重个性品质的形成和发展，成为真正育人的过程。

4. 学科性原则

不同学科的课堂教学评价应该体现本学科的特色，不同的学科就应该有不同的评价标准。中职数学课堂教学评价标准就应该体现中职数学的特点，每一节数学课都应该注重学生"数学思维"的形成和数学素养的培养，重视数学思想方法，体现数学的语言，提高数学应用的能力，促进学生全面发展，体现数学的价值。

（三）课堂教学评价的特点

数学课堂教学评价不仅要符合课堂教学评价共性，而且也应该有中职数学学科的特点，有其他课堂教学的共同规律，也有数学课堂教学评价的开放性和动态生成性。

第一，课堂教学目标制定的依据是新课程标准，以及相关的教学内容与学生学习数学的实际情况。第二，结合数学学科的特点，体现"科学性"和"思想性"，如理解解题方法的共同本质是利用矛盾论的观点。第三，数学课堂教学应该培养学生的抽象概括能力、空间想象能力、主动探究能力和根据实际问题建立数学模型的能力，数学课堂教学评价标准里都应该涉及这几个方面。第四，抓课堂教学重点时，应该抓富有启发性的内容，即应抓住那些能够激发学生的学习兴趣、开发学生智力的内容，能够更好地培养学生的数学思维能力、空间想象力、事物的洞察力等。也应注意培养学生科学的数学学习态度，培养学生的创新能力和认识新鲜事物的科学方法，充分调动学生学习数学的积极性。

二、数学课堂教学评价的标准

（一）教学评价的理念

第一，构建共同基础，提供发展平台的理念。之所以需要体现这样的一个理念，是受到了课程标准对中职生教育所必须具备的原则的影响，本书主要研究的是中职数学课堂的教学评价。关于数学这门学科，教育部门也同样制定了标准，该标准主要是针对中职数学课程本身所特有的学科性质进行制定的，因为中职的每一门学科都具有本身的特色，没有一个通用的课程标准适用到每一个学科上面。数学对于中职生来说是一门必需的重要科目，中职数学包含了数学的最基础的内容，数学这门课程的学习可以培养学生的思维和素养。中职生作为国家未来的人才，他们所学习的数学知识一定要能够满足社会对于人才所必需的数学要求，在这一基础要求之上，再进行学术深造。数学是不分文理的，这是每个中职生必修的一门学科，学好中职数学能够为进一步的学习打下坚实的基础。新课程的改革强调要关注学生在数学学习方面的全方位发展，不仅要实现数学教育的基础性目标，还要使学生在数学学习方面的成效加以提升。

第二，提供多样课程，体现个性化教学。之所以强调这样的一个理念是因为中职生本身就存在差异性，他们的兴趣爱好都是不同的，所以根据他们的兴趣爱好选择中职的数学课程是非常合理的。不同的学生在数学上的天赋和侧重能力是不同的，这样有利于他们在数学上得到不同的发展。从国家的人才培养和社会的长久发展来看，中职生是社会最重要的来源，他们是社会的人才主体，中职毕业之后，他们都将服务于社会的方方面面，他们在数学方面所养成的专长也会发挥作用。所以，单单凭借他们在学校的综合成绩和分数来决定他们教学评价和以后的工作和价值是不正确的，所以数学课堂教学就是在为社会培养多元化人才。

第三，鼓励学生和教师积极主动，勇于探索。这样积极的学习方式是教师和学生都必须要培养的，这样的要求是对传统教学过程中形成的教师讲课、学生听课模式的突破。中职生已经习惯于机械地接受教师所讲的知识，一味地记笔记，再等到课后进行消化，这样的学习方式完全是被动的，无法提高他们主动接受知识的积极性。因此，教师要利用教学评价将这种被动式的学习转化为主动的学习，鼓励学生开动脑筋，打开思维，亲自实践或是生生之间相互合作解决问题，只有当他们将被动式的阅读转化为自主学习，他们的效率才会更高。教师的职责已经不是单纯地指导学生学习知识，更重要的是传授给他们学习数学的方法，发挥他们对数学知识的再创造能力，这才是数学迄今为止发展的根源，如果每个人都是单纯地掌握一些数学知识，那么他们也不可能在数学的领域有突破性的进展。

第四，提升学生对数学的思维能力。课程标准中指出，提升学生对数学的思维能力是中职数学教育的重要目标之一，纵观古往今来的数学家，他们都是在掌握了现有的数学基础知识的前提下，对数学进行再思考，他们运用自己的数学思维解释了很多难以解释的问题，这种学习精神和思维能力值得我们学习借鉴。中职生要真正做到为知识而学习，不是为分数而学习，数学思维的锻炼可以让学生为客观存在的现象或事件建立数学模型，这样更加有利于他们理性地进行判断和思考，为自己培养理性思维的习惯。

第五，教学生学会应用数学知识。通常所说的理论指导实践就是这个意思，数学如果没有应用，就是一些普通文字和符号，正是由于将数学运用在实际社会中，数学才变得具有现实价值。数学的本质就是应用，现实生活中没有一种现象或事物是数学模型无法解释的，可以说，没有数学的应用社会就不会发展。当今社会是信息化的社会，信息技术和计算机网络的快速发展就是数学得以应用的成果，同时数学知识的应用还在不停地发展，以至于我们的生活中处处都是数学。对中职生来说，学好数学并学会运动数学才是根本，才是服务于社会和学习数学的价值体现。

第六，科学地认识学校教学内容中的基础知识、基本技能。我们国家在教育中实行的基础知识、基本技能受到许多西方国家的欢迎和推崇，在新课程的改革之下，中职生的数学学习也应该将这一传统发扬出来，结合当今的教育背景，科学地对该传统进行再认识。在课程改革的影响下，数学课本的内容发生了变化，所以教学内容的基础知识和基本技能也要发生改变。

第七，重点强调本质，合理形式化。数学只是在一定情况下的形式化的表达，这也是对教师在中职数学教学中的基本要求，但任何形式都需要表达适度，过犹不及。只是形式化的表达方式会将学生的数学思维禁锢起来，各种各样的形式将他们的思维吞没。中职数学的课堂教学应该倡导回归本源，数学最基础的还是概念、准则定理等，这些都是数学本质的体现。数学知识的学习要求学生具备逻辑思维能力，实事求是，遵从本质。

（二）教学评价制定原则

1. 中职数学课堂教学评价应坚持发展性原则

新概念下的数学课程教学强调的是以人为本，也就是说新的数学课堂教学应该是以学生的全面发展和教师的专业水平提升为目标的，所谓的"以学论教"就是该原则的最佳体现，促进学生的全面发展就是最终教学评价所要实现的目标，在促进学生全面发展的同时，也可以促进教师的全面发展，具体表现在三个方面：首先是引导作用，所谓的引导就是可以调动教师的主观能动性，使教师在评价的指导下朝着更加优秀的方向发展；其次是评判作用，通过对教师的评价，可以让教师看到自己在课堂教学中的缺点和不足；最后还具有预测作用，对教师教学评价的结果会影响教师的业绩评判和未来的发展，所以通过每次数学课堂的教学评价结果应该学会总结和反思，为下一节课的教学做更完善的准备。

2. 中职数学课堂教学评价应坚持以学生为中心的原则

为中职数学课堂建立评价的最终目的是让学生的数学学习达到一个高效的水平，让他们在学习数学的过程中避免低效率的学习，减轻他们学习数学的负担和重任，所以新概念下的数学课堂教学要将学生作为主体，将学生的学习成长作为根本，对以往的数学评价体系需要做出变革，这样才能将课堂的效率发挥到最佳。教师可以通过学生在课堂上对数学课程的学习表现进行反思和学习，从而对自己的教学模式进行变化调整。

3. 中职数学课堂教学评价应坚持全面性原则

单纯地关注教学评价的结果是不够全面的，无论是学生学习数学的成绩还是他们在数学学习过程中的情绪上的变化都是要被考虑到的，在数学教学的过程中，评价的内容应该趋于多元化，也就是说评价主体的共性和个性都应该被关注。数学课堂的教学评价中，中职生除了知识水平会关系到评价，他们对于数学学习的兴趣、学习的意志力以及自身的品行特质都应该被考虑进去。数学是理性的、客观的学科，但是这一学科的学习可以通过教师的教学转换为充满人文和动态的学科，所以数学教师应该将课堂重点放在学生数学思维的形成上，教会他们学习数学的方法，让他们觉得数学学习不是一个枯燥乏味并且很困难的事情。

4. 中职数学课堂教学评价应坚持尝试性原则

在数学课堂中，要勇于探索和尝试，不仅关注到数学教师如何教，而且关注到学生如何学，对于学生数学思维的暴露有清醒的认识，提倡让学生质疑辨惑，数学教师及时搜集整理信息，不断调整数学课堂教学，把握数学课堂教学的起点，掌握重难点，随着学生不断提高自我认知，按着学生的思考方向进行数学课堂教学，挑选合适的数学教学方法，训练学生自主学习数学的能力，注重学法的指导。因为对于数学课来说，无论是概念、原理、公式的形成，还是计算能力的加强，都需要数学教师留出足够的时间和题量让学生练习数学题，这样才能提高数学课堂的教学效率，才能让学生掌握解题的方法。

5. 中职数学课堂教学评价应坚持参与性原则

在数学课堂教学中，尽可能采取让全体师生都加入的方法，改变单一的课堂交流模式，组织多角度的课堂交流模式，采用同伴互助、师生合作共同探究思索数学问题等。根据学生学习数学程度的不同，设计一些有层次性的练习题，让数学程度好的学生在熟练掌握基础题的基础上做适量的拔高题，发散其思维，让数学程度一般的学生在理解的基础上多做一些基础题，数学程度不好的学生要在理解掌握数学知识的前提下，从做简单的题开始，同时要关注学习有困难的学生。

6. 中职数学课堂教学评价应坚持学用结合的原则

重视学用结合，在学生初步识记、整理发现数学知识的背景材料，对其发生和发展的过程在理解的基础上去认知，接着感知数学知识的重要性，加强数学应用意识，尤其是从实际的角度出发来学习平面几何、立体几何及若干应用题，并将其整理编制成实际的问题。生活中有数学，结合生活的实际情境和数值创设数学问题，提取教材中的素材，运用于数学课堂中，让学生掌握并学会数学知识，能够运用于实际生活中，解决实际问题。

（三）教学评价的基本要求

中职数学课堂教学评价要满足以下几点基本要求，即密切关注学生的全面发展，密切关注教师的专业水平提升和心理健康，关注教师和学生之间的关系发展，充分发扬"以学论教"。以上几点要求都属于数学教学活动的范畴，这个是师生之间以及学习环境的沟通适应过程，数学教师在这样一个过程中带领学生投入学习当中，让师生之间的关系更加融洽。数学教学评价是教师在数学教学过程中进行的评价手段，所以这是一个过程化的评价，它的评价包括数学教师教学过程、学生数学学习活动及教学效果这三个方面的过程评价，评价时应注意关注以下五个要点：

1. 评价要具备科学性

中职数学课堂教学评价标准的制定过程必须要保证自身的科学性，从客观的角度出发，不违背客观规律，制定出科学的评价方法，对评价的数据进行科学的统计和分析，将可能影响的因素都包含进去，使评价结果更加合理和准确。中职教学具有自身的特殊性，所以教师在进行数学课堂教学评价的时候，要参照课程标准，按照教育部门规定的课程标准客观地进行评价，在对中职数学课堂的评价实行过程中，需要考查到每一个学生个体，采纳来自不同方面的建议。

2. 评价的教育性

中职数学课堂的教学评价主要是针对数学教育进行的，提升教育质量才是根本目的。不论评价采取什么样的参照准则，为学生全面发展考虑是最重要的目标，所以在教学评价过程中每制定一步评价准则都需要设定一定的教育目标，通过判断教育目标是否实现作为衡量教学效果的参照，对实施过程中好的措施继续沿用，对存在弊端的措施进行改善。虽然教育部制定了课程标准，但这是最低的要求，每个中职生的发展是存在差异的，所以既要将中职生作为一个整体进行评价，更要将他们拆分为不同的整体，采取不同的评价手段。

3. 定性、定量结合分析

所谓定性，就是对学生进行有目的的观察，通过已经存在的经验和数据进行搜集统计，从客观的量和主观经验上准确地为每个学生做出科学的分析。所谓定量，就是当教学和评价这二者结合在一起的时候，过程是非常烦琐的，所以在评价时搜集到的数据在统计和计算过程中存在误差，需要大量地对评价主体进行数据的采集，确保将误差降到最低。所以单单依靠定性的手法是不够的，只有将定性和定量进行有机结合，才能保证评价的客观性和可靠性。

4. 评价操作的可行性

中职数学课堂教学评价只有在实际操作的过程中才能将价值体现出来，特别是运用到数学课堂时它的价值更加突出，所以教学评价的关键点就是课堂教学评价在投入使用的时候要保证它的可行性。例如，在评价过程中数学知识和技能的掌握情况应该具体；评价制度的操作程序要尽可能简约化，因为如果过程很烦琐，就会影响到课堂的教学质量，给教师和学生带来过重的负担与压力。

5. 反馈与调节须及时

中职数学教学评价的实施并不是单纯地得出实践结果，对教师教学做出判断，而是利用教学评价让教师在教学过程中不断改进和完善自身的教学质量，让学生在学习过程中发现问题，更好地完善数学知识的学习。所以对中职数学的教学评价不仅要及时，而且评价结果的反馈也要及时地让教师和学生知道，这样才能让教学过程得到及时的调整和改进，达到提高教学质量的目标。

（四）教学评价指标

教学评价的标准是多元化的、有弹性的，根据教师的不同特点和能力的水平，设计不同维度和层次的指标，在中职数学课堂教学中，针对教师教学行为评价的指标大致包括六个方面。

1. 教学目标

教师每学期的数学教学工作计划要准备好，包括各章各单元的，要掌握好学生的学习心态、学习程度、学习能力等，要认真准备教案，要让学生切实掌握每节课堂上的数学知识和技能，让学生理解和接受本堂课的数学教学目标。因为合理的教学目标既能通过努力而实现，还能调控学生是否超出自己的"最近发展区"，以便调动学生的积极性，发挥其潜能，有利于学生学习数学，促进其最佳发展。

2. 教学内容

教师在数学教学中恰当安排数学教学内容，突出重点、分散难点，循序渐进、螺旋上升的方式要符合学生现有的发展水平，呈现形式要有利于学生对数学知识的再发现学习，为学生主动构建学习提供必要的途径和依据。同时，充分地挖掘数学知识的背景材料，让数学学习的内容更具有实际意义，符合新课程理念，通过学生主动观察、思考、猜测、推理的方式构建数学知识。

3. 教学过程

教师在教学中思路要清楚，层次要分明，教学结构要安排到位，要突出教学重难点，以实际生活中的情景为素材，结合每节课所要讲的内容，创设教学情境，吸引学生的注意力，把抽象的数学知识先具体量化在实际生活情境中让学生认知，再用数学的语言把具体事例抽象化。一节课的知识由具体到抽象，利于学生理解记忆，教师再从旁点拨，学生学起来事倍功半，课堂教学气氛也活跃，有利于学生积极参与到课堂中。教师作为组织者、引导者、合作者，考查学生数学学习的情况，在课堂教学中有针对性地布置作业，要求明确，分量适当，难易适度，教学相长，精心选配习题，既有利于学生基础知识的掌握，又能提高学生综合运用知识的能力，激发学生主动参与数学探究活动的兴趣和自信心，学会数学思维，逐渐增强从事数学活动的基本能力和基本素养，让数学课堂教学评价成为一个有层次的、有节奏的、重参与的、重发展的动态评价模式。

4. 教学方法

教师运用启发式的教学方法，利于构建教学情境，设计严谨、有效的问题，运用不同的形式展现课堂内容，利于培养学生的学习能力，调动他们的积极性，合理运用教学技巧，利于教学。

5. 教学效果

包括教师是否完成教学目标，学生是否听懂教师所讲解的知识并能举一反三，熟练地运用所学的知识解题。

6. 教师素质

教师的语言既要准确又要精练，板书既要有条理又要规范，辅导学生既要有爱心又要有耐心，将评价和教学紧密地联系在一起，考查的指标要立足于过程知识和技能、活动体验和探究，淡化教学结果的总结性评价方式，熟练地使用三角板、圆规等教具，还要会使用幻灯片、投影仪等多媒体设备，给学生展示课件或视频影像，利于唤醒学生的好奇心，吸引他们的注意，随机地操控并组织教学。同时，教师也要不断地学习，扩展自己的知识面，才能把握对知识讲解难易度的调控，教师教学机制的发挥利于掌控课堂教学的进度。

（五）教学评价方法

1. 学生自评、互评

在数学课堂教学中，学生课前写数学日记以记录当天自主预习教材时的情况，如"会的怎样思考，不会的又怎么办"等，或与同伴讨论、交流，有共识的，有分歧的，一一记录下来，课堂上参与到教学中，让会的知识理解得更透彻，不会的知识点，或听教师讲解，或与同伴小组讨论、交流，以便解决在学习抽象知识点时所遇到的问题，实在弄不懂的，课下或辅导时向教师请教。

2. 教师自评、互评

数学教师在教学前要仔细了解学生的想法，掌握学生现有的数学程度，特别是与所讲内容相关的；了解他们心中所想、心中所感。在熟悉教材和了解学生的前提下，动手设计教学过程，不仅对教学目标、教法、教路、教师的活动在教学设计中有所体现，更要使学生的学习目标、学法及学生的活动在进行设计中体现出来。在课堂中以学生现有知识为起点，以实际生活情境为素材，创设符合当前教学内容的生活情境，指导学生观察、想象、思考、讨论等。在活跃的课堂气氛中，理解记忆知识，学会用数学的眼光看问题，并运用数学的语言解题。在课后鼓励学生来找教师，以解决学生弄不懂的地方，或是学习数学遇到的困惑等。

在教研活动或优质课，或与同事、专家、同行交流时，把教学时遇到的困惑，或教学自评和同行互评时遇到的不解，拿出来与大家讨论、研究，以对未来的数学教学有所指导。

3. 师生互评

教师作为组织者、协调者，在教学中，创设情境，采用"小组合作"的方法，主体是小组成员。在合作小组内，学生相互交流、评价、诉说、鼓励，发展学生思维的想象，提升学生的自学水平，教师及时点拨、讲解，学生主动参与，师生之间互相影响，对于学生的提问，教师做适当的启发提示；对于教师的提问，学生积极参与，或和同伴，或和教师，共同讨论，加强师生之间的协作与交谈。

教学中尽量对学生加以关注，有条件时师生之间多交流、多讨论，学生能自己表达出来的就鼓励自己说，能自己学会的，能自己做到的，教师放手让学生做。但教师作为引导者，要随时关注，与学生交流，对理解与思路对的加以肯定，对思路跑偏的、理解不到位的，加以关注和交流，这样不但能提升学生认知数学的水平，激发学生的想象力，更能提升学生学数学的积极性。

第三节　评价数学试卷多元化讲评

一、数学试卷讲评的内涵

（一）试卷讲评的含义

在《辞海》中定义"讲评"为"讲述评论"。对于试卷讲评课的概念界定，由于我国根深蒂固的考试制度和较为完善的评价体系，这种界定以国内的文献为主。

试卷讲评课是在学生考试或练习后，教师对试卷进行评定、讲解，一方面帮助学生了解知识水平的掌握情况；另一方面帮助学生弥补缺陷，激发学生的求知欲和积极性。通过纠正学生所犯的错误，包括知识理解上的偏差、漏洞和能力的欠缺不足，通过分析试题来探讨解题方法，寻求在解题过程中的解题规律和思维方式，不断巩固已学的旧知识，为新知识的学习打下更牢固的根基。

试卷讲评课上要综合考虑教学活动中体现出来的各种现象，分析其影响因素，主要是分析教师和学生两个主体组合互动的教与学形式。评定即是考核，考核必然离不开考试，这是教学活动之后追求的结果。既然有考试，就要有总结和反思，也就是试卷讲评。

在中职教学中，督促学生用心练习、积极参加考试并完成试卷分析是一项重要任务。在考试结束后，教师首先要全面分析试卷，并对涉及的知识点加以分析讲解，然后要以巩固所学知识为出发点，让学生反思错题，总结经验，理通思路，明白建构知识结构的重要性，注重拓宽思路。这样，在督促学生的同时，教师自身的教学工作效率也能得到相应的提高。课下也要注意总结本节课的讲课规律，反思效率，针对课堂上学生的反应信息和反馈及时做到心中有数，下次更好地提高教学讲评质量。学生考试是一种对自身最直接有效的测试，试卷讲评中必然会收到学生对错误的反馈，作为教师，必须加以改正，对自身的不足和知识的缺漏进行必要的补充。

数学试卷讲评课是数学测试后的一个重要环节，用于帮助学生检查知识漏洞、能力欠缺和方法不足，是复习旧知、帮助学生建构知识系统的一个重要措施。数学测试分三种类型，即课前性、形成性、总结性。不同的测验类别，讲评方式就不同。试卷讲评不受时间空间的限制，在时间上，分为课前、课中、课后。课前是指自结束考试到讲课之间，而讲评课中特指讲评课堂；课后时段指当堂下课后学生对考试内容总结整理之后的时间段。在中职数学教学中，试卷讲评是一个重要的环节，所占比例也较大，讲评课的效果受学生课堂表现的活跃度和听课质量的影响，这在一定程度上取决于数学教师对传授知识的把握度。

综上所述，中职数学试卷评讲课不仅是帮助学生查漏补缺的课程，更应该是学生参与，帮助学生了解自己对所学知识的掌握情况，尤其是要让学生学会主动探索解题规律，提高解题思维能力。

（二）试卷讲评教学的原则

1. 突出重点，有的放矢

核对答案、逐题讲解是一种传统的试卷讲评方法，也是当前一部分教师惯用的教学方法，虽然这样的教学方法对教学者来说操作容易，上手快，但是学生接受知识的效率却极为不乐观。所谓好钢用在刀刃上，由于一堂课时间有限、一学期数学课课时有限，所以教师在课堂上要精讲。为了让学生在课堂学习中积极发言，活跃课堂气氛，作为教师，就不能采取上述传统式的教学方式，否则会降低授课效率。以中职数学中数列测试卷的讲评来说，教师应该对学生的试卷考试结果的整体结构进行具体审视，对所有试卷题型进行分类讲解，统计出学生在哪类知识点上基础比较薄弱，掌握得不够扎实，错误或者疏忽点易出现在哪里，逐一仔细分析。根据这些统计情况和案例，找到能让学生易于理解、易于掌握的讲题方法，把握知识点的针对性，总结数列中常用的解题思路和方法，并对比等差数列和等比数列进行讲解。教师用这样的教学方式，才能让学生对于数列这一块的理解更深入。

试卷的讲评要针对试卷所反映的问题和学生的实际水平，有选择性地进行讲解，不能每一题都重点讲解。在试卷讲评前教师应该根据全班学生的整体实际情况进行一次全面剖析，对题目类型进行难易程度分类、典型与非典型分类，具体结合整张试卷所考查的内容和命题规律进行分析，让学生明白考试命题考查的规律，尤其是那些新型题目要着重注意，也要告诉学生在考试中不要钻牛角尖，要学会有的放矢，对难题怪题要果断放弃。最重要的是，教师要向学生点明出题趋势，揭示解题规律，让学生重视探索数学思想，运用数学的思维去达到解题的目的。然后，保持这样的思考习惯，学生会潜移默化地提高对试题的辨别能力和纠错能力，更能提高数学思维的缜密性和创造性，从而达到教学者培养学生学习能力与素养的目的。

2. 发现闪光点，提高学生信心

学生接受知识效率的高低和课堂上情绪的冷热，直接影响着试卷讲评课质量的高低。所以，作为教师要学会发现每个学生的闪光之处，给予学生一定的肯定，提高学生学习数学的信心，从而激发学生的学习兴趣，使学生在数学学习上时刻充满激情。

激励使人进步，激励使人成功。教师的表扬是对学生最大的肯定，也是基础比较差的学生学习的动力源泉。教师要在试卷讲评课上始终坚持多鼓励少批评的原则。教师应对他们的点滴进步加以肯定，比如学生知道要用哪个公式，但后面不会计算了，要鼓励他们敢算，并且要鼓励他们学会向他人分享自己的解题思路，对解题思路有独到的见解要同其他学生一起探讨，营造课堂数学学习氛围，让学生的思维得到发散。

考试后的重点在于提高学生的信心，让学生通过测试感受到学习知识的喜悦，感受到自己在某些方面有着与众不同的创新。特别是对后进生，要从基础知识、解题的思路、运算的过程、运算的结果和书写的格式上，去发现此类学生的长处，肯定他们的能力，让他们充满探知的欲望，而不是一味地抱怨学生教不会，批评学生考试中出现的错误。除此之外，也要鼓励学生具有敢想敢做的学习精神，在学生所作答的试卷上发现其优点，如卷面整洁、解题步骤规范、解法新颖独特、解题思路清晰明了等，对学生进行肯定和表扬，同时将试卷中出现的新颖的、简便的解题思路和方法进行展示。讲评课要把握好讲课的主旨和方向，即赞扬、肯定学生，不能一味地对学生持否定的态度，更加不适用激将法，否则只会适得其反，降低学生的学习兴趣，甚至会使学生产生厌学的情绪。考试后，教师要引导学生纵向比较自己的成绩，不要一味地与他人比较，要注重自己每一次每一天的进步，不气不馁，对自己充满信心，对学习充满动力。

3. 及时反馈，及时讲评

数学测验是对学生所学知识及能力的检测。在考试的过程中学生进行了强烈的独立思考，不论是会做的还是不会做的题，学生都会有很多解题的念头和想法，学生的思维比较活跃，这些都是平时练习所达不到的，因此教师要抓住这样的时机，每次测试完毕，反馈要及时，讲评要及时，时刻保持学生在数学探索海洋里的热潮不减。

考试刚结束时学生的积极性较强，比较关注自己的成绩和得分，时间久了就会冷却，考试后及时评讲可以提高学生的兴趣，而且此时学生对考试的内容和自己的思考记忆比较清晰，尽管有些学生在考试过程中思路模糊，但是在回顾答题的时候，也更容易理清思路，能够及时地总结归纳，从而提高学生的学习效果和教学效率。

讲评的时候，教师要及时做完批改工作，不拖拉，做到当天考试当天批改结束，让学生及时拿到自己的学习检验结果，同时教师要全面统计分析全班试卷答题情况，掌握学生知识点薄弱处，以便上课着重强调试题考查点。这样也体现了教师对学生负责的态度和责任心，同时也有助于促使学生热爱数学，增进师生关系，做到亲其师信其道。

4. 发挥学生主体作用，注重合作交流

新课改之后，大力倡导教育要始终坚持学生的主体地位不变。在数学试卷讲评课上教师要发挥好主导作用，引导学生巩固所学知识与试卷讲评相结合，让学生再次对试卷上的题目加以分析，教师要趁热打铁，及时教授解题技巧和思路，以达到巩固所学知识的目的。

在试卷讲评课上，学生能够自己解决的问题，要让学生自己解决。让学生始终成为课堂的主人，让他们在自主的学习中去发现、去创造，显现出他们内在的潜力和智慧，让他们自觉培养数学素养。教师要恰当地教导学生学会自我批评，自我反思，尤其在讲评课中，让学生明白自己的失误，并加以纠正，学会独立思考。

教师要及时督促学生在课下总结归纳错题，整理笔记，对常见易错的公式定理摘抄背熟并真正理解，同时也要在笔记上记录错题，写下做错原因，下次该注意什么，对印象模糊、模棱两可的题，要主动向教师或同伴请教，彻底弄懂弄通。教师还要引导学生进行合作交流，积极参与，因为交流产生兴趣，兴趣培养思维，进而也会相应地提高学生数学学习的积极性。教师可以事先将学生进行分组，小组内的学生先进行自主交流，然后教师通过启发点拨，让学生把握正确的解题规律，提高数学分析能力和解题效率。

5. 讲评方式多样化

试卷的讲评尤其注重方式方法，最忌讳的就是讲评方法单一机械、毫无生机。教师虽然苦口婆心"满堂灌"，但是这样的讲评课对听课的学生来讲，只会觉得枯燥乏味，激不起课堂学习氛围，也容易挫伤学生学习的积极性和主动性，使接受知识效率低下。

作为教师，要采用不同的授课方法，让讲课形式多样化。例如，教师和学生交替上台讲解题目，这样一来教师可以明白学生的解题思路，还有助于学生集中注意力，同时也有助于其他学生更正错误或者吸取讲课学生的优点。在学生讲解题目遇到分歧时，教师可以在一旁加以解释并解决分歧，加强师生合作交流。教师在讲解时要着重基础知识，如数学概念和公式原理的应用，让学生真正理解该类型数学题的本源，在以后的解题中也可创新解题思路。多样的讲解方式不仅可以增强课堂的趣味性，还可以使学生在试卷评价过程中得到多方面的启发。

二、提高试卷讲评教学的实效性对策

高效的试卷讲评课不仅能扫除学生的知识盲点，还可以调动学生主动学习的积极性，提高学习效率。那么如何提高数学试卷讲评课教学的实效性呢？只有教学活动的主导者——教师进行深刻思考，才能得出结论。日常的试卷讲评课教学活动应注重优化教学原则，充分发挥其教学功能，增强对学生解题方法的指导，调动学生自主建构的积极性以及选择适合的教学程序。

（一）优化教学原则，提高试卷讲评课教学的实效性

要提高数学试卷讲评课教学的实效性，就必须明确中职数学试卷讲评课的教学原则，并且进行相应的优化。

1. 讲评力求"及时性"原则

及时性可以包括三个方面，即教师阅卷的及时性、学生得到反馈信息的及时性以及试卷讲评的及时性。教师的阅卷是试卷讲评的前期工作，由于学生希望尽早了解自己在这次考试中的成绩、失分点以及与同伴之间的差距，并且在考试完之后学生脑海里对自己做的题答案和思路还很清晰，求知欲望高涨，所以教师一定要把握住这个阶段，抓紧进行阅卷工作，并且要及时发放试卷，及时进行讲评。在检测后使学生能够立刻得到评价结果的反馈，防止学生等待的时间过长，削弱了本有的期盼和激动心理，使存在的问题不能及时被发现，达不到预期的讲评效果。教师及时进行讲评工作是一节优秀讲评课的前提，也是提高讲评效果的重要保证。因此，考后教师要克服一切困难，及时批阅，及时发放试卷，及时得到反馈信息，及时进行讲评，这样才能起到事半功倍的作用，一般在考后一两天较好。

2. 讲评力求"针对性"原则

教师在数学试卷讲评课上要体现针对性的教学原则。对于时间有限的课时，教师想要在试卷讲评课上把每道题都用心讲到几乎是不可能办到的。所以切忌"面面俱到"地讲，或是揪住个别学生的问题不放，因为这样既浪费了大量的时间，也没有很好地发挥讲评课的功能。在教师认真备课的过程中，就要进行适当的取舍，将学生错误率较高的试题作为本次试卷讲评课的重点、难点，进行有针对性的讲评。教师要帮助学生答疑解惑，理清解题思路，真正使学生做到掌握做题的方法和规律，在有限的课堂时间里，尽可能多地发挥试卷讲评课的优势。

3. 讲评力求"系统性"原则

所谓系统性原则，是指教师在教学过程中要按照数学学科的逻辑系统和学生认知发展的顺序进行讲评，使学生系统地掌握知识，学习技能，培养学生严密的逻辑思维能力。教师在讲评课上可以通过将知识相近的内容放在一起，以分类讲评的方式来体现这一教学原则，使学生将知识构建成某种特定的联系，便于对知识进行梳理和掌握，避免由于思维混乱，而跟不上教师的讲课思路。试卷讲评课的目的在于对知识进行巩固和提升，因此试卷讲评课要注重使学生形成较为完整的知识网络体系，将零散的知识系统化、类型试题规律化、思维方法多元化。

4. 讲评力求"差异性"原则

针对优等生、中等生和后进生三种不同层次的学生，因其思维逻辑、对知识的掌握程度以及对课堂的需求的不同，所以教师要求学生达到的目标也应该有所差异。因此，试卷讲评课必然要进行差异化教学，满足不同水平学生的发展需求，对不同水平的学生进行因材施教，杜绝"一刀切"的教学形式。考试是检测学生学习成果的重要手段，教师根据考试结果能够了解学生间的差异，为更好地在讲评过程中进行差异化的教学提供有力依据。教师要依据不同学生，制订出不同讲评的方案，采用不同的引导方法，准备不同的练习题。教师要顾及每一类学生，既要满足程度较好的学生对能力拔高的要求，也要解决能力较差的学生在知识理解准确度上的问题，使不同层次的学生都能在试卷讲评课中有所收获。

5. 讲评力求"扩展性"原则

试卷讲评的拓展性是指教师需要对试卷中已有的知识进行扩充和加深，在讲解原有试题的基础上对该知识点进行横向、纵向的延伸。应杜绝蜻蜓点水式的讲评方式，不能单单只讲答案，而不注重对过程和思路的讲解，同样也不能就题论题，不进行扩展，不讲知识之间存在的联系，否则，对学生来说收获并不大。教师可以在课上选择重难点试题进行扩展，因课堂时间有限，尽量做到精简，不要每一道都扩展。试卷讲评要使学生能够通过训练，达到对知识的进一步理解，从而达到举一反三、触类旁通的目的。

6. 讲评力求"主体性"原则

现在的教育主张，任何教学形式都应坚持以学生为主体的原则。在没有学生参与的试卷讲评课堂上，无论采用什么样的教学方式，也都是低效的，甚至是无效的。教师要让学生充分发挥自己的主体地位，在课上尽可能地让他们自主思考，多让学生参与课堂，多让其进行讨论互动。这就要求教师在试卷讲评课中，要重视学生的主体地位，改变以往传统的教学模式，采用引导启发式的教学方法，使学生融入课堂，参与课堂。在教学中注意培养学生去发现问题，使其具备创新能力。现阶段能够体现学生主体地位的教学方法主要有小组讨论式的合作学习、学生"说题"、师生共评等方式。师生间、生生间相互交流讨论的过程中，不仅能够激发学生学习的兴趣，也使教师达成了情感层面的目标。

以上教学原则虽然各有侧重，但并不是孤立存在的，各原则之间存在联系，并且也能够起到互相补充的作用。

（二）发挥教学功能，提高试卷讲评课教学的实效性

在课堂中充分发挥讲评课的教学功能，能够达到事半功倍的教学效果。以下是通过发挥讲评课的诊断功能、激励功能、强化功能以及示范功能四个方面进行的论述。

1. 发挥诊断功能

教与学都是和考试密不可分的，每一张试卷都像是一份"诊断书"。对于学生而言，解答试卷能够较为客观地对自身的知识进行检查，学生的答题情况可以反映出他们对知识点的掌握程度，也可以让他们通过分数了解自身差距，知道自身在哪些知识点了解上仍存在不足，哪方面还需要加强训练，答题可以使学生对自己的学情有清醒的认识。同时，数学教师通过翻阅批改试卷，也可以真实了解每个学生的学习状态，哪些知识是普遍存在疑点的、哪些知识还需要进一步深化讲解、哪些学生需要个别辅导等。对数学试卷的深入剖析和认真讲评，有助于数学教师分析和反思自己的教学形式，以便改进以后的教学方式方法。高质量的试卷讲评能够由点及面，精确分析诊断学生出现的各类问题，能够让学生进一步学习领会，为其提供有力帮助，达到师生共赢的教学目标。

2. 发挥激励功能

试卷讲评课要具备激励功能。通过问卷调查发现大多数学生认为试卷讲评课

的课堂气氛压抑、无聊，过于沉闷，这充分说明了教师在课堂上更多的是注重讲题，对学生缺乏正面的激励。想要调动学生的学习动力和学习的积极性，除了进行适当的引导之外，教师还要给予学生鼓励，建立激励性的评价标准，讲究合适的教学策略的灵活运用。课堂上应多一些赞美表扬，少一些挖苦讽刺。在试卷讲评课上，教师可通过公布部分进步及成绩优异的学生的成绩，刺激学生的表现欲，以榜样激励的方式激发学生的学习动力，以及通过呈现"亮点"试卷、创设激励机会给后进生等激励形式，也能够达到更好地提升学习效率的目的。

3. 发挥强化功能

对于学生而言，中职数学知识内容繁多、覆盖面广，如果不反复进行练习很容易混淆、遗忘。一份好的试卷可以反映和提炼出那些重要的、需要熟知的内容，强化学生记忆，并且试卷中出现的变式练习还可以打开思维，综合各章内容，让知识通过一道题构建固定的知识体系，从而使学生不断巩固，夯实基础。教师要对含金量高的试题充分重视，课前进行认真的准备，课上着重强调，组织互动，由此及彼，让学生多次熟悉，达到强化效果，课后指导学生进行错题整理，使学生明确考点、重点、疑难点，形成整体印象，达到高效学习和有效复习的目的，以便为以后的总复习奠定基础。

4. 发挥示范功能

教师对试卷的讲评是带有很强的示范性的。对于数学学科来说，数学知识本身就是教师讲授和演示给学生看的，如何将富有技巧性的解题方法运用到解题中，绝大多数都是通过教师的示范传递给学生的，教师能否利用好试卷进行高效讲解，很大程度上关系到学生以后作答的思路和方法。中职阶段的教师一定不要为了追赶教学进度，只去关注新授课的讲解而忽视了试卷的讲评，这样急功近利的做法，只会导致教学质量的下降。试卷讲评是穿插于新授课、复习课等课型中的重要一环，它犹如教学的坚实后盾，可以保障教学进度的稳步前进，讲评课的反响越好，学生就会越期待，学生得到的收获也就越大。教师对试卷讲评课的态度也决定了学生的态度，若教师不重视，那么缺乏自主学习性的中职生就更难去重视。如果教师对试卷试题高效示范，那么学生也自然会着重标记，反复温习。

（三）促进学生自主建构，提高试卷讲评课教学的实效性

1. 引导学生自主学习

自主学习作为新课程理念中一种非常重要的学习方式，强调的是学生能够进行主动的、有目的性的学习。调查显示，成绩较好的学生自主学习能力更强，这是因为这类学生会通过思考将学习到的知识转化为一种学习能力从而提高自己的学习效率。相对于教师的强迫式的教学形式，自主学习体现更多的是"我要学"。试卷讲评课的目的在于让学生充分掌握解决一类试题的方法，要实现这一目标就要给学生充足的时间，让他们充分发挥自己的主体性作用，使学生在试卷讲评课上有所收获。教师要在课上注重培养学生自主学习的意识，为他们创设能够自主学习的环境，尊重学生的不同看法，让学生能够提出问题，并且大胆发表自己的见解。课上采取的方法可以是学生之间进行小组讨论或者是让学生"说题"的方式，促使学生逐步积累自主学习的经验，从而提高试卷讲评课的实效性。

2. 引导学生自主反思

反思，简单来说，就是对知识再认识的过程。在进行教学的过程中，教师要给予学生自主反思的机会，注重学生的反思行为，使学生能够通过反思，发现自身问题。教师要引导学生进行自我反思，让学生去发现问题并根据问题寻找解决办法，使其深化对于知识的理解和掌握，通过反思积累解题经验，提高解题能力。学生反思实际上可以分为两个阶段。一个是在试卷发下来之后，通过检查自己试卷中的错误进行的反思，思考哪些失分点是因为马虎大意、哪些是因自身知识欠缺理解存在偏差所造成的。反思错题，探寻出错原因，从而加深对该题型的掌握。另一个是在学生听完教师或其他学生的讲解之后，再对自己的解题思路进行的一种反思，将解题过程进行概括总结，学生就会尽量避免下次再出现同样的错误。反思的过程是任何人都没办法取代的，因为教师的意见和指导需要通过学生自身的体验才能内化为学生的能力，产生新的学习行为。只有学生对自我的诊断更具体、更实际，才能使反馈信息的保持时间更持久。

课程标准作为基础教育课程教学的指导性文件，也是教科书编写的依据。每

一次课程标准实施的过程，既是一个学习的过程，也是对课程标准补充完善的良机。课程标准的研究是一个不间断的过程，课程标准的内容也会随着时代的发展不断完善和发展。只有在实践的过程中修订课程标准才能得以落实。用辩证唯物主义观点来看，课程标准永远是历史的产物，课程标准的完善和发展只有起点没有终点。

一个好的课程标准的颁布对新课程的实施能起到巨大的推动作用。本书依据标准提出中职数学基本理念，并进行了综合阐述、思考与实践，从多方面深入认识了全面深化课程改革的重要意义与其代表的新一轮基础教育改革延伸和发展的重要作用。在进入全面深化阶段以后，课程改革的核心更加注重落实好立德树人这一根本任务，同时也注重将基本理念进行更深入的贯彻与实施，进而达到促进中职数学学科教学质量有效提升的目的。

参考文献

[1] 田雪，苏汉杰，王学一. 基于数学核心素养的问题情境教学［M］. 北京：中国纺织出版社，2023.

[2] 张丽娜，刘潮昊. 中职数学拓展模块学案（上）［M］. 上海：上海交通大学出版社，2022.

[3] 彭伟健，梁群，李林. 专业数学中职类［M］. 武汉：中国地质大学出版社，2022.

[4] 王佩，赵思林. 中学数学教学设计案例［M］. 成都：四川大学出版社，2022.

[5] 李昌官. 素养为本的中学数学教学［M］. 杭州：浙江教育出版社，2022.

[6] 江忠东. 中学数学课程与教学新论［M］. 昆明：云南科技出版社，2022.

[7] 魏国良. 聚焦课堂教学中学数学教师的实践与研究［M］. 长春：吉林人民出版社，2022.

[8] 苏圣奎. 数学建模推进中学育人方式改革的数学"模"力［M］. 厦门：厦门大学出版社，2022.

[9] 李凡，江伟，廖品春. 数学教学设计与案例分析［M］. 长春：吉林人民出版社，2022.

[10] 朱先东. 数学整体性教学设计［M］. 北京：中国农业大学出版社，2022.

[11] 刘江勇，徐蓉，吴志涛. 中学数学教学模式与学生能力培养［M］. 长春：吉林人民出版社，2021.

[12] 黄雄. 中学数学开放式教学实践与探究［M］. 厦门：厦门大学出版社，2021.

[13] 刘永强，陈小玲，张茜. 数学知识教学与学生能力培养［M］. 长春：吉林

人民出版社，2021.

［14］赵翠珍. 数学教学理论与实践研究［M］. 北京：北京工业大学出版社，2021.

［15］张学文. 中职数学教学的认识与实践［M］. 长春：东北师范大学出版社，2021.

［16］李静. 数学教学论［M］. 长沙：湖南师范大学出版社，2020.

［17］陆斌. 中学数学高阶思维训练实践研究［M］. 上海：上海社会科学院出版社，2020.

［18］陈惠增. 简约化数学教学［M］. 厦门：厦门大学出版社，2020.

［19］王华. 高中数学核心知识的认知与教学策略［M］. 上海：上海教育出版社，2020.

［20］徐晓燕. 概念性理解与数学概念教学［M］. 上海：上海教育出版社，2020.

［21］谭明严，韩丽芳，操明刚. 数学教学与模式创新［M］. 天津：天津科学技术出版社，2020.

［22］檀富娥，刘光燊. 中职数学基础模块学案［M］. 上海：上海交通大学出版社，2020.

［23］李卫华. 中学数学教学思维与创新［M］. 天津：天津人民出版社，2019.

［24］胡勇，黄龙，周志朝. 中学数学教学设计与应用技巧［M］. 长春：吉林人民出版社，2019.

［25］程卫东，王永辉. 现代教育在中学数学教学中的探索［M］. 长春：吉林人民出版社，2019.

［26］胡典顺，邵贵明，姚曼. 数学文化的探索之旅［M］. 武汉：湖北科学技术出版社，2019.

［27］傅海伦. 数学课程与教学论［M］. 济南：济南出版社，2019.

［28］程金元. 中学数学探究性学习实践研究［M］. 厦门：厦门大学出版社，2019.

［29］刘玉琛. 中学数学核心素养的培养与探索［M］. 长春：吉林人民出版社，2019.

［30］李文臣. 高中数学思想方法［M］. 青岛：中国海洋大学出版社，2019.

［31］蒋恒永，史亮，孙肖. 创新思维下的数学教学探究［M］. 长春：吉林人民出版社，2019.

［32］李光辉. 寻找提升中职数学课堂教学质量的力量［M］. 延吉：延边大学出版社，2019.

［33］刘文彦，马烁，张玉琳. 中职数学［M］. 北京：北京工业大学出版社，2019.

［34］吴淑莲. 交互式中职数学［M］. 广州：广东高等教育出版社，2019.

［35］刘建成. 中职数学教学法及其应用研究［M］. 北京：中国建材工业出版社，2019.

［36］刘佳庆. 中职数学同步新学案拓展模块［M］. 北京：北京理工大学出版社，2018.

［37］邓银生. 中职数学导学案下基础模块［M］. 长沙：湖南科学技术出版社，2018.